Kinder machen Zirkus

Für alle Kinder, die beim ZIRKUS WILLIBALD mitgemacht haben.

Wo Sport Spaß macht

Wilhelm Kelber-Bretz

# Kinder machen Zirkus

Meyer & Meyer Verlag

Die Deutsche Bibliothek – CIP-Einheitsaufnahme

**Kelber-Bretz, Wilhelm:**
Kinder machen Zirkus / Wilhelm Kelber-Bretz.
– Aachen : Meyer und Meyer, 2000
(Wo Sport Spaß macht)
ISBN 3-89124-594-7

© 2000 by Meyer & Meyer Verlag, Aachen
Olten (CH), Wien, Oxford, Québec,
Lansing/Michigan (USA), Findon/Adelaide,
Auckland, Johannesburg, Budapest
e-mail: verlag@meyer-meyer-sports.com
Fotos: Heinz Wernicke, Hamburg
Zeichnungen: Bob Stenzel, Hamburg
Umschlaggestaltung: Birgit Engelen, Stolberg
Umschlag- u. Satzbelichtung, Lithos: frw, Reiner Wahlen, Aachen
Titelfoto: Willi Heinsohn (Artist bei gemeinsamem Auftritt des Zirkus Willi-
bald mit dem Zirkus Giovanni im Zirkus Roncalli/Mai '95), Hamburg
Lektorat: Dr. Irmgard Jaeger, Aachen
Satz: Stone
Druck: Burg Verlag Gastinger GmbH, Stolberg
ISBN 3-89124-594-7
Printed in Germany

# Inhaltsverzeichnis

*„Jeder Tag, an dem du nicht lächelst, ist ein verlorener Tag."*

Charlie Chaplin

Als ich im Abendblatt hörte, dass in Wilhelmsburg ein neues Kinderzirkus-projekt, der „Zirkus Willibald", entstanden ist, fiel mir meine Kindheit wieder ein. Denn auch ich komme aus Wilhelmsburg, allerdings aus Wilhelmsburg in Österreich, einem kleinen Industriedorf, wo ich meine karge Kindheit verbrachte; wo meine Liebe zum Zirkus entbrannte. Ein kleiner Zirkus war schuld daran. Ich wollte sofort mitreisen, wurde aber von meinem Vater „gerettet". „Wenn du weiter so schlecht lernst, wirst du beim Zirkus enden", sagte meine Mutter. Wie Recht sie hatte!

Dem Lehrer Wilhelm Kelber sei Dank für seinen „Zirkus Willibald". Ich wünsche ihm viel Kraft und Ausdauer. Wenn er es möchte, würde der „Circus Roncalli" (aller guten Dinge sind drei) auch die Patenschaft zu diesem Projekt übernehmen und als Einstand könnte man beim nächsten Roncalli-Gastspiel in Hamburg eine Vorstellung gemeinsam mit Artisten des „Zirkus Roncalli" sowie des „Zirkus Willibald" geben. Das Geld bekäme der Verein „Kinder helfen Kinder" und „Zirkus Willibald" zum Ankauf von Requisiten und Kostümen.

Heute schon gelächelt, Willibald?

Herzlichst
*Euer Bernhard Paul*

---

Im „Hamburger Abendblatt" vom 12.3.1994 schreibt der Direktor des „Zirkus Roncalli", Bernhard Paul, an den „Zirkus Willibald".

*Gleich kommt der große Auftritt – daher volle Konzentration*

# Einleitung

*„Wir haben keine Illusionen.*
*Die Kinder der Straße werden Alegria nicht sehen.*
*Lachen bleibt ein Luxus,*
*den sie sich nicht leisten können."*

Alegria, Cirque du soleil 1998, Beiheft zur CD

Im Sommer 1993 wurde in Hamburg-Wilhelmsburg der ZIRKUS WILLIBALD an der dortigen Gesamtschule gegründet, ein Zirkus von Kindern für Kinder, in einem Stadtteil, in dem sich viele nicht viel leisten können.

Einmal in der Woche wird seitdem regelmäßig im Rahmen der Nachmittags-Freizeitangebote geübt. Mit kleinen Auftritten in der Schule, im nahe gelegenen Altersheim und dem Stadtteilkulturzentrum wurden erste Erfahrungen gesammelt.

Später wurden Kostüme geschneidert, Masken und Stelzen gebaut und Zaubergroßillusionen konstruiert und bei den weiteren Aufführungen im Programm vorgeführt.

In den darauf folgenden Jahren kamen Wanderfahrten mit Zirkuswagen und Fahrrädern oder mit dem Schiff auf der Elbe hinzu. Im eigenen kleinen Einmastzelt, in gemieteten großen Zirkuszelten oder sogar im Chapiteau des Circus Roncalli, haben die Kinder ihr Können dem Publikum gezeigt.

Die Darstellung des Zirkusprojekts soll Tipps und Anregungen im Sinne eines Leitfadens geben für kleine und größere Projekte dieser Art, ob in der Schule, im Sportverein oder anderen Gruppen und Institutionen. Hierbei soll kurz auf die Anfänge des Zirkus eingegangen sowie seine Einbettung in den Stadtteil Wilhelmsburg geschildert werden und der Weg von der ursprünglichen Idee bis zur praktischen Umsetzung nachvollzogen werden.

Vor allem aber soll der Leitfaden anderen Mut machen, solche und ähnliche Projekte, auch unter sehr einfachen und schwierigen Bedingungen, durchzuführen.

# 1. Kurzer historischer Streifzug

*„On the road to find out."*

Cat Stevens

Schon immer gab es Spaßmacher, Jongleure und Artisten, die auf Straßen und Plätzen Menschen mit ihren Darbietungen erfreuten. Die alten Ägypter und Griechen lieferten in Form von bildlichen Dokumenten die ersten Zeugnisse von zirzensischen Künsten.

Der eigentliche „Vater" des heutigen Zirkus ist Philipp ASTLEY, der 1786 in Paris eine Art Pferdetheater eröffnete, in dem vor allem Pferdedressuren und Reitkunststücke dargeboten wurden. Seitdem hat sich der Zirkus in immer neuen und sehr unterschiedlichen Ausprägungsformen weiterentwickelt.

Angefangen bei diesem ersten Zirkus-Pferdetheater des 18. Jahrhunderts, über die Wagenburgen und die gigantischen Zelte des amerikanischen Zirkus Barum & Baily im 19. Jahrhundert, den beiden deutschen Großzirkussen Sarrasani und Krone mit ihren Hunderten von Tieren und Akteuren am Anfang des 20. Jahrhunderts, weiter über die russischen und chinesischen Staatszirkusse mit ihren perfekten Artisten und unvergesslichen Clowns der 70er Jahre, dem nostalgischen Circus Roncalli der 80er Jahre, bis schließlich hin zu dem perfekt-futuristischen Cirque du soleil und den modernen absurden Zirkustheatern von Gosh und Cirque der 90er Jahre, haben alle diese Formen trotz ihrer Unterschiedlichkeit wesentliche Gemeinsamkeiten:

- ✦ Zirkus ist ein lebendiges Vergnügen, ein intensives Erlebnis.
- ✦ Zirkus ist die Verwirklichung von Träumen und Ideen.
- ✦ Zirkus ist das Hinüberretten von Kindheitserinnerungen in die Welt der Erwachsenen.
- ✦ Zirkus ist eine Mischung aus Abenteuer, Nervenkitzel und Lachen, all das hautnah, life und verbunden mit der Offenheit und Ungebundenheit des Zirkuslebens sowie dem Erdgeruch im Zirkuszelt.

Die Entwicklung des Zirkus, die Gemeinsamkeiten und vor allem das Faszinierende am Zirkus hat F. K. MATHYS in seinem Buch „Circus – Faszination gestern und heute" engagiert und ausführlich beschrieben.

*Hier beginnt die Zirkuswelt – Eingangsbereich des Zirkus Roncalli*

Gerade die Mischung aus Abenteuer und Fantasie ist es, die immer noch viele Erwachsene und Kinder fasziniert.

Vor diesem Hintergrund sind seit Beginn des 20. Jahrhunderts auch immer wieder verschiedene KINDERZIRKUSSE entstanden.

Um 1920 wurde von einem Pater in den USA „Boys Town", eine Stadt elternloser Jungen, gegründet, in den 60er Jahren entstand in Spanien die Kinderrepublik „Benposta" aus Straßenkindern mit ihrem Zirkus „Los muchachos". Beide Zirkusse sind vorwiegend unter sozialpolitischen Aspekten zu sehen.

Ziel war es, Kinder von der Straße zu holen, ihnen eine „Familie" und eine Perspektive zu geben. In diesem Sinne ist auch die Entwicklung der Kinderzirkusse in Äthiopien, in den Slums von Addis Abeba, in den 90er Jahren zu sehen. Hier wird bei den Auftritten zudem versucht, politische Inhalte zu vermitteln.

Neben den sozialpolitischen Aspekten sind schon in den 70er und 80er Jahren vereinzelt, seit den 90er Jahren verstärkt, in Deutschland auch viele Kinderzirkusse unter erlebnispädagogischer Sicht und im Rahmen der „Neuen Bewegungskultur" entstanden, wie z.B. die „Seifenblasen" aus Oldenburg oder die Hamburger „Rot(z)nasen".

Bei diesen Kinderzirkussen geht es weniger um die Orientierung an spektakulären Höchstleistungen, als vielmehr um die Förderung der körperlichen und sozialen Entwicklung der Kinder durch attraktive und fantasievolle Angebote sowie durch vielerlei gemeinsame Aktivitäten. Die Bewegungslust der Kinder wird aufgegriffen und ihre psychomotorische Entwicklung gefördert, ihr Sozialverhalten und ihr Selbstwertgefühl werden gestärkt.

In den 80er und 90er Jahren schwappten mehrere Zirkuswellen in Form kurzfristiger und kleinerer Zirkusprojekte über den Grund- und Sekundarbereich der bundesdeutschen Schulen. Neben den oben genannten Aspekten waren insbesondere pädagogische Ansätze, wie z.B. ganzheitliches Leben und Lernen, die Verbindung von Hand- und Kopfarbeit, Abenteuerpädagogik, Projektorientierung u.ä.m., die Zielsetzungen, die man besonders mit Hilfe der Zirkusprojekte verwirklichen wollte.

In dieser Zeit ist auch der ZIRKUS WILLIBALD an der Gesamtschule Wilhelmsburg entstanden. Auch bei ihm geht es vielmehr um Erziehung und Bildung durch Zirkus, als um Ausbildung zum Zirkusartisten. Er ist einer der wenigen Kinderzirkusse, der über einen relativ langen Zeitraum, kontinuierlich vielen Kindern die Möglichkeit bietet, über den Zirkus vielfältige Erfahrungen zu sammeln.

*Kinderzirkus „Die Rot(z)nasen" aus Hamburg*

# 2. Stadtteil und Schule

*„Manchmal hat man das Gefühl, Wilhelmsburg schlingere immer nur ganz knapp am Chaos vorbei, was der Wahrheit nahe kommt. Und dennoch: Der Stadtteil lebt."*

Hans-Ulrich Klose, ehem. Bürgermeister von Hamburg

Wilhelmsburg hat viele Facetten. Der Bogen spannt sich von Hafenkais und Industrieanlagen, über traditionsreiche Wohnviertel und Großsiedlungen der 70er Jahre, bis hin zu Äckern, Pferdewiesen und Naturschutzgebieten. Wilhelmsburg ist aber auch ein sozialer Brennpunkt. Insbesondere viele der wohnungsbau- und sozialpolitischen Entscheidungen seit den 60er Jahren haben dazu beigetragen. Besonders Kinder und Jugendliche werden mit vielfältigen Problemen konfrontiert.

In Wilhelmsburg treffen viele Nationalitäten und Kulturen aufeinander. Das familiäre und soziale Umfeld vor allem im Westen und Südosten des Stadtteils ist geprägt von Arbeitslosigkeit, geringem Einkommen und beengten Wohnverhältnissen. Viele Kinder leben in schwierigen Familienverhältnissen.

Der Fernsehkonsum ist in der Regel sehr hoch, Sex und Gewalt gehören zum massenmedialen Alltag vieler Kinder.

Der Spiel- und Bewegungsradius vieler Kinder und Jugendlichen ist sehr gering, Koordinations- und Bewegungsdefizite sind bei einer großen Anzahl von Kindern erkennbar.

Kinder und Jugendliche werden in Wilhelmsburg sehr früh und häufig direkt auch im Elternhaus oder auf der Straße mit jeder Art von Drogen konfrontiert.

Vor allem unter dem Aspekt der zunehmenden Gewalt sind sie in bestimmten Wohnvierteln von Wilhelmsburg besonders gefährdet, da sie mit den drei Hauptrisikofaktoren des späteren Täter- und Opferdaseins konfrontiert werden: soziale Randlage, schlechte Zukunftsperspektive und Gewalt in der Familie.

Vernünftige und pädagogisch begleitete Spiel- und Freizeitangebote sind zu selten oder werden zu wenig wahrgenommen. Kindern und Jugendlichen in Wilhelmsburg fehlt in vielerlei Hinsicht, zu Hause und draußen, Aufmerksamkeit und Anerkennung.

Gerade deshalb sind viele Wilhelmsburger engagiert und arbeiten in diversen Foren und Initiativen an der Verbesserung der Lebensqualität im Stadtteil.

Die GESAMTSCHULE WILHELMSBURG (GSW) als offene Ganztagsschule stellt sich diesen Problemen. Sie versteht sich als „Schule im Stadtteil" und versucht, besonders im Rahmen der Nachmittagsfreizeiten, vielfältige und ansprechende Angebote für alle Schülerinnen und Schüler zu machen.

Ein besonderes Angebot ist der ZIRKUS WILLIBALD. Einmal in der Woche wird geübt und gespielt, jedes Mädchen und jeder Junge kann mitmachen. Jeder kann sich seinen Fähigkeiten entsprechend einbringen, sein Können bei Auftritten zeigen und bei den Wanderfahrten vielfältige Erfahrungen sammeln und Abenteuer erleben.

# 3. Pädagogische Intentionen

*„Wem Aufmerksamkeit fehlt,*
*der kann auch nicht neugierig sein."*

Reinhard Kahl, Publizist

*„Mir erscheint vieles wichtig, was ich in der Zeit beim* Zirkus Willibald *gelernt habe und mitnehme, vor allem die Selbstständigkeit, alleine was zu machen und mein Selbstvertrauen, das ich da bekommen habe, nämlich vor so vielen unbekannten Leuten aufzutreten."* (Kathrin, 17 Jahre, Schülerin der Abschlussklasse, im März 1999)

Vor den oben geschilderten Hintergründen stellt der Zirkus Willibald einen ganz wichtigen Erfahrungsraum für viele Schülerinnen und Schüler dar.

Hier erfahren die Schüler Aufmerksamkeit und Anerkennung, hier können sie neue und vielfältige Bewegungserfahrungen sammeln, feststellen, dass sie besondere Fertigkeiten besitzen, dass sie stark sind. Und genau dieses Gefühl brauchen Kinder in Wilhelmsburg – und nicht nur dort.

*Begeisterte Zuschauer bei der Aufführung am Stübenplatz (14.11.1998)*

Stark sein bedeutet in diesem Sinne natürlich mehr als Muskeln haben. Kinder brauchen vor allem innere Stärke, um die an sie gestellten Aufgaben zu meistern. Wer ein positives Selbstwertgefühl besitzt, Konflikte durchsteht und mit Misserfolgen umgehen kann, braucht sich nicht mit Gewalt bei anderen durchzusetzen oder Drogen zu nehmen.

Wer nach langem Üben, bei einer Vorführung die Blicke von Kindern und Erwachsenen auf sich zieht, oder nach einer gelungenen Zirkusvorstellung von den Zuschauern Applaus erhält und gefeiert wird, ist stark.

Doch dafür müssen die Kinder auch einiges tun. Sie müssen regelmäßig zu den Übungsstunden erscheinen, sich ins Gruppenleben einfügen, eigene Interessen und Fertigkeiten erkennen, an diesen arbeiten und mit anderen zusammen Programmnummern gestalten, einüben und später auch vor Publikum aufführen. Kinder, die beim ZIRKUS WILLIBALD mitmachen, brauchen Durchhaltevermögen.

All das bereitet den meisten Kindern am Anfang keine Probleme, denn sie kommen freiwillig, haben Lust, die angebotenen Dinge kennen zu lernen und auszuprobieren, können viel toben und ihren eigenen Interessen folgen. Nach einer bestimmten Zeit müssen sie sich jedoch für einen Bereich entscheiden und hier verstärkt arbeiten.

Dies fällt nicht allen leicht, bei vielen Kindern werden nun ihre z.T. sehr persönlichen Schwierigkeiten erkennbar und in die Gruppe hineingetragen. Einige Mädchen, insbesondere viele Jungen, haben wenig Lust am konzentrierten Üben, am längeren Erarbeiten von festen Programmnummern und zeigen Probleme, sich in die Gruppe einzupassen und bestimmte Ordnungs- und Verhaltensregeln zu beachten.

An dieser Stelle ist viel pädagogisches Geschick notwendig, eine Gradwanderung zwischen Lenken und Laufenlassen. Zudem wird versucht, über vielfältige Methoden und anregende Inhalte immer wieder die Bewegungslust der Kinder zu wecken und wach zu halten (siehe hierzu die Beschreibungen bei der Durchführung von Übungsstunden, S. 23ff. und den einzelnen Programmnummern).

Mit viel Geduld und über eine offene und freundliche Atmosphäre wird versucht, die anfängliche Euphorie und die verschiedenen individuellen Interessen zu einem gemeinsamen Gruppengefühl weiter- bzw. zusammenzuführen. Dazu tragen auch die vielen Gruppennummern bei, bei denen jeder eine feste Funktion einnimmt.

Jedes Kind muss sich auf den anderen verlassen, muss seine Sache „gut" machen. Dabei kommt es nicht in erster Linie auf zirzensische Höchstleistungen an (und kann es auch nicht), wichtiger ist, dass jeder freiwillig sein Bestes gibt, dass die Kinder mit Spaß bei der Sache sind und das auch zeigen (wollen).

Im Laufe der ersten Monate soll den Kindern klar werden, dass sie dazugehören, dass sie für die anderen und den Zirkus wichtig sind. Wenn sie bestimmte Grundregeln einhalten, sind sie ein Teil des Zirkus („Wir sind der ZIRKUS WILLIBALD, ...") und jeder Junge und jedes Mädchen soll versuchen, mindestens eine Rolle, eine Aufgabe im Rahmen des Zirkus zu finden und diese mit Engagement auszufüllen.

Die meisten Zirkuskinder identifizieren sich dann auch über die Übungszeiten und Auftritte hinaus mit dem Zirkus und sind stolz darauf, dabei zu sein. Zu diesem „Wir"-Gefühl tragen besonders die Aufführungen und die gemeinsamen Unternehmungen, wie z.B. die Zirkusfahrten, bei.

Häufig werden so über den Übungsalltag hinaus an Projekttagen, im Fachunterricht oder privat Kostüme genäht, Plakate gemalt oder mit dem Computer entworfen, T-Shirts bedruckt oder eigene kleine Nummern ausgedacht und in der nächsten Übungsstunde vorgestellt.

*„Ja, ich nehme die Organisationspflicht und meine selbstständige Arbeitsweise mit, meine Ausstrahlung und mein zielstrebiges Engagement. Dann die viele Verantwortung, die auf einen zukommt, das alles nehme ich mit."*

(Tugba, 17 Jahre, Schülerin der Abschlussklasse, im März 1999)

# 4. Einblicke in die Welt des Kinderzirkus

*Zirkus Willibald beim Zeltfest des GSW im Juni 1996*

## 4.1 Ausrüstung und Finanzierung

*„Es genügt nicht, zum Meer zu kommen,*
*um Fische zu fangen.*
*Man muss auch das Netz mitbringen."*

Chinesische Weisheit

Um Kinderzirkus zu machen, braucht man zuerst einmal ein großes, am besten ein Zweimastzelt, super Kostüme, die besten Geräte, eine edle Beschallungsanlage und natürlich alle Licht- und anderen Effekte, die technisch möglich sind.

Oder?

Jeder Kinderzirkus wird durch das Ambiente mitgeprägt. Die (technische) Ausstattung verbessert eine Probe oder eine Vorführung, macht diese für Zuschauer und Akteure reizvoller. Das kann und sollte aber gerade am Anfang keine wesentliche Rolle spielen. Kinderzirkus lebt vor allem vom Ideenreichtum, dem lebendigen Spiel und dem ehrlichen Engagement der Kinder sowie von der Gestaltungskraft und dem Improvisationsvermögen der Betreuer.

Ein paar wesentliche Requisiten sind natürlich anfangs sinnvoll und notwendig, der Reiz hierbei liegt im Ungewöhnlichen, im Seltsamen und Nichtalltäglichen.

Neben den obligatorischen Jonglierutensilien, wie z.B. einem Koffer voller Jongliergeräte, insbesondere Teller, Tücher, Bälle und Diabolos, sind eine Vielzahl von bunten Kostümen, Masken, Mützen und Hüten oder Schminke, mit deren Hilfe sich die Kinder verändern können, essenzielle Bestandteile jeder Zirkusstunde.

Zudem gehören vielerlei Bewegungsgeräte dazu, an denen die Kinder sich erproben, austoben, aber auch ihre Grenzen kennen lernen können, z.B. Einfach-, Doppel- und Viererpedalos, Stelzen, Ringe oder ein Trapez, ein Minitrampolin, große Seile zum Rope Skipping u.ä.m.

Wir haben unsere allwöchentlichen Zirkusstunden immer in einer normalen Turnhalle abgehalten, was Vor- und Nachteile mit sich bringt: Zum einen ist der Raum für die Kinder vertraut und die meisten verbinden mit einer Halle etwas Positives, z.B. viel Bewegung, vor allem, wenn anregende und ausreichende Geräte vorhanden sind. Der Nachteil besteht häufig in der Normalität, Kälte und Fantasielosigkeit des Raumes – und dazu muss man sich etwas einfallen lassen.

So ist es geradezu zwingend notwendig, die Halle akustisch und visuell, am besten zusammen mit den Kindern, in einen Zirkusraum zu verwandeln. Eine Manege ist schnell mit ein paar Hütchen gebaut, im Hintergrund spielt Zirkusmusik aus dem Kassettenrekorder, ein Fallschirm liegt über einem Kasten, die Hochsprungständer halten den Zirkusvorhang und die Gerätschaften sind nett arrangiert.

Für die ersten Auftritte werden genau diese Gerätschaften wieder benutzt, nur dass die Hütchen der Manege noch mit farbigen Kreppbändern verbunden und die Hochsprungstangen mit Luftballons dekoriert werden. Ein Teppich liegt in der Manege, außen herum liegen im inneren Kreis Turnmatten für die kleinen, dahinter stehen Turnbänke oder Stühle für die großen Zuschauer. Alle teilnehmenden Kinder sind verkleidet und bunt geschminkt – und schon kann die Show beginnen.

Ein Schulzirkus lebt natürlich auch von besonderen Gerätschaften. Da wir schon im zweiten Jahr eine Wanderfahrt unternehmen wollten, haben wir uns nach einem Zirkuswagen umgesehen. Ein alter Bauwagen eines Bauunternehmens im Stadtteil konnte billig erstanden werden, wurde vom Handwerksmeister der Schule technisch überholt und von Schülern und einem Sozialpädagogen künstlerisch gestaltet. Er dient häufig als Umkleideraum, sowie als Lager- und Transportfahrzeug. Gezogen wird er von einem Trecker, der einem Kollegen gehört.

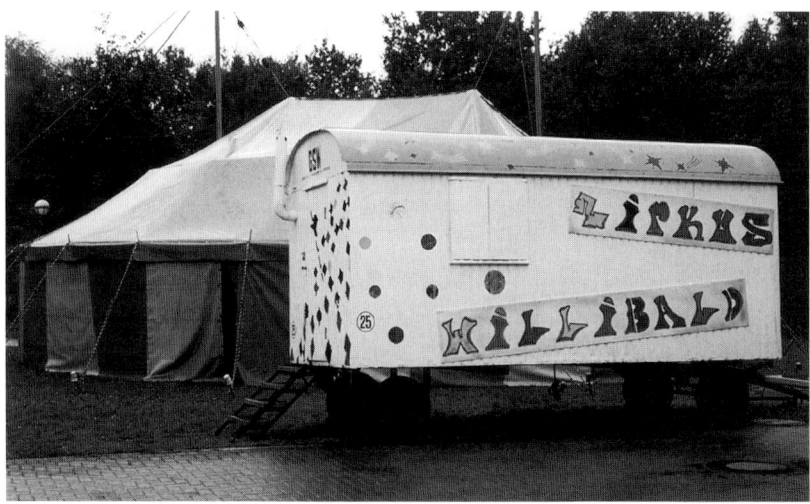

*Auf großer Fahrt – Wanderzirkus WILLIBALD*

Hinzu kamen im Laufe der Zeit auch drei Zaubergroßillusionen, eine Zauberkiste, ein Zauberkäfig und ein Zauberschrank, die nach Plänen von Zauberern auf Kinder übertragen und auch von unserem Handwerksmeister gebaut wurden. Sie stellen einen besonderen Akzent unseres Zirkusses dar und sind meist die Höhepunkte der Zirkusvorstellungen.

Neben den bunten, zusammengewürfelten Kostümen der ersten Jahre ist in den letzten Jahren ein Satz selbst gestalteter sowie eine große Anzahl von gesponserten bedruckten T-Shirts hinzugekommen. Im vierten Jahr unseres Bestehens haben wir dann noch ein kleines Einmastzirkuszelt, ein transportales „Zuhause", wenn wir unterwegs sind, von einem Wanderzirkus gekauft. Dieses Zelt ist auch mit größeren Schülern aufbaubar.

Natürlich wird sich jeder fragen, wie das Ganze finanziert wird. Leider kann ich an dieser Stelle nicht alle Geheimnisse dieses schwierigen und notwendigen Kapitels ausbreiten, doch möchte ich hier ein paar Vorschläge machen und Quellen angeben, aus denen wir bisher „gespeist" wurden.

Die ersten Gelder kamen vom Schulverein bzw. über viele kleinere Spenden und Eintrittspreise bei den Aufführungen. Größere Veranstaltungen wurden dann in der Regel über Zuschüsse aus Bezirkssonder- bzw. Stadtteilkulturmitteln, Eintrittsgeldern und Spenden finanziert. In vielen Fällen ließen sich (als wir bekannter wurden) so genannte Gagen auch als Spenden an den Schulverein deklarieren.

Zu guter Letzt, als wir wirklich gut und bekannt waren, haben wir auch ein paar Preise erhalten, die meist mit kleineren oder größeren Geldbeträgen verbunden waren.

## 4.2 Alltag und Organisation

### 4.2.1 Durchführung von Übungsstunden

Einmal in der Woche, am Nachmittag von 14.30 bis 16.00 Uhr, treffen sich die interessierten Kinder in der Turnhalle der Gesamtschule. Am Anfang des Schuljahres sind es häufig 30-40 Schülerinnen und Schüler der 5. bis 7. Klassen. Viele wollen einfach einmal hineinschauen, ausprobieren oder kommen, weil eine Freundin schon im letzten Jahr mitgemacht hat.

Nach ca. vier Wochen pendelt sich die Gruppenzahl bei ca. 20 Kindern ein, dann müssen sich die Schülerinnen und Schüler entscheiden, ob sie regelmäßig und verbindlich mitmachen wollen. Zur Betreuung stehen meist zwei Lehrer zur Verfügung.

Wichtig bei den Übungsstunden ist es, von Anfang an, eine zirkustypische Atmosphäre zu schaffen, so weit das in einer Sporthalle möglich ist.

Diese wird erzeugt durch Zirkusmusik, viele bunte, ungewöhnliche Geräte, die Verkleidung des „Zirkusdirektors", durch Vorhänge, Schwungtücher und eine kleine Manege sowie durch Fantasiereisen in die Zirkuswelt, die am Anfang der ersten beiden Stunden auf dem Programm stehen.

Weiter geht es in den Anfangsstunden mit offenen Angeboten: Jonglierbälle und -tücher liegen in der einen Ecke, Einräder in der anderen, dazwischen gibt es ein Trapez oder Seile zum Rope Skipping, eine Laufkugel, Stelzen, Rola Bola und vieles mehr.

Alle Kinder haben die Möglichkeit, selbstständig oder unter Anleitung individuelle Erfahrungen mit den Zirkusgeräten zu machen, sich das auszusuchen, was ihnen am besten gefällt.

Nach dieser Einstiegsphase wird mit einer kleinen Tröte leise zum obligatorischen Gesprächskreis geblasen. Die Tröte ist ein ganz wichtiges Hilfsmittel für die Betreuer, um für Ruhe und Aufmerksamkeit zu sorgen.

Im anschließenden Gespräch wird über besondere Vorkommnisse, Regeln und den geplanten Übungsablauf gesprochen. Hierbei können die Kinder ihre Wünsche und Vorstellungen einbringen.

In der nächsten Phase werden am Anfang des Schuljahres viele Kennenlern-, Sensibilisierungs- und Gruppenspiele angeboten, aber auch Kreativ- und Aktionsspiele. Ziel ist es zum einen, damit eine Gruppenzusammengehörigkeit zu erzeugen und zum anderen langsam an die neuen und vielfältigen Bewegungen und Körpererfahrungen heranzuführen.

Ein paar Zaubertricks durch den Zirkusdirektor zwischendurch oder am Ende lockern die Übungsatmosphäre auf und bringen gleichzeitig ein wenig Vorführcharakter in die Halle (siehe dazu das Kapitel 5.5 „Zaubern").

Am Schluss jeder Stunde wird nochmals im Kreis über den Ablauf sowie die Planung und die Wünsche für die nächste Stunde gesprochen und gemeinsam aufgeräumt.

Schon in den ersten zwei bis drei Stunden sollen die Schüler in der Anfangsphase sich für eine bestimmte Zeit auf ein Gerät konzentrieren, selbstständig oder unter Anleitung an einer Sache „arbeiten". Wenn sie dazu Lust haben, können sie den anderen in den eingebauten Präsentationsphasen ihr neues kleines Kunststück – manchmal schon mit Musikbegleitung – präsentieren.

Wenn sich die Gruppe stabilisiert hat, werden verstärkt im Hauptteil der Übungsstunde Gruppennummern vorgestellt und angeboten. Die Kinder können sich, ihren Interessen und Fähigkeiten entsprechend, an der einen oder anderen Nummer beteiligen, können eine ganz bestimmte Aufgabe im Rahmen der Gruppe übernehmen. Im Laufe der Zeit verändern sich diese Nummern mit und durch die Kinder, häufig entstehen ganz neue Ideen, die von den Betreuern eingebrachte Idee wird zur Nummer der Beteiligten.

Auch diese Gruppennummern werden – z.T. in Auszügen – den anderen Kindern vorgestellt und im Diskurs mit dem Betreuer und den Zuschauern verbessert. Musikstücke werden dazu ausprobiert, häufig bringen die Kinder ihre eigene, auch neueste Popmusik, mit.

Aus dem anfänglichen Wirrwarr von Kindern, Ideen und Zirkusgerätschaften entstehen langsam nach zwei bis drei Monaten mehrere Einzel- und Gruppennummern.

### 4.2.2 Zwei ausgewählte Übungsstunden

### Die erste Übungsstunde

*Vorbereitung*
Vier verschiedene Stationen mit ansprechenden Geräten sind aufgebaut (Jongliergeräte, Matten für Akrobatik, ein Trapez, diverse Balanciergeräte). Eine einfache Dekoration und Unterteilung der Halle durch Vorhänge und Schwungtücher sowie eine kleine „Manege" durch Markierungskegel ist vorbereitet. Der Kassettenrekorder mit Zirkusmusik ist spielbereit. Der Zirkusdirektor und einige Helfer, meist ältere Schüler, sind verkleidet, die Tröte ist griffbereit.

*Einstiegsphase*
Die Teilnehmer kommen in die Halle, schauen sich um, dabei läuft im Hintergrund Zirkusmusik. Sie werden in lustiger Form vom Zirkusdirektor und den Helfern begrüßt und dazu angeregt, in den nächsten Minuten die Jongliergeräte auszuprobieren.

Nach ca. zehn Minuten werden die Schülerinnen und Schüler mit der Tröte zu einem Sitzkreis zusammengerufen, jeder soll ein Jongliertuch in der Hand halten. Es wird nun Zirkusatmosphäre direkt erlebbar. Dazu schließen alle die Augen und die Halle verwandelt sich durch die Worte des Zirkusdirektors in ein richtiges Zirkuszelt: „Wir stellen uns vor, wir sitzen in einem wunderschönen großen Zirkuszelt, hinter dem Vorhang. Auf der anderen Seite ist die Manege und viele gespannt wartende Zuschauer ..., ... zur Musik geht gleich der Vorhang auf und wir alle laufen winkend mit den Jongliertüchern hinein und begrüßen die Zuschauer, sind dann Jongleure, Akrobaten, Seiltänzer, Elefanten, Löwen und alle möglichen Tiere und Personen, die zum Zirkus dazugehören."

Und genauso geht es dann los. Zu Roncallis „Einzug der Gladiatoren" laufen alle winkend mit den Jongliertüchern in die Manege, begrüßen die Zuschauer und spielen mit entsprechender Gestik, Mimik und Lauten die vom Zirkusdirektor vorgestellten Tiere und Artisten.

### Hauptteil A
Dann – immer noch vor dem imaginären Publikum – werden spielerisch erste Organisations- und Präsentationsformen in der Manege geübt:
Dazu stehen sich zwei oder mehrere Reihen mit je 6-8 Kindern gegenüber. Zuerst soll jede Reihe sich so schnell wie möglich von links nach rechts in alphabetischer Folge ordnen. Dann stellt sich jedes Kind der gegenüberliegenden Reihen mit einer entsprechenden zirkusgemäßen Präsentation vor. Anschließend ordnet sich jede Reihe so schnell wie möglich mit geschlossenen Augen und lautlos nur durch Abtasten der Größe nach.

Nun kann mit der ersten kleinen präsentierten Gruppenjongliernummer mit Tüchern begonnen werden. Dazu bleiben die Kinder in ihren Reihen stehen und halten ihre Jongliertücher jeweils in der rechten Hand.
Im vom Zirkusdirektor laut vorgegebenen Rhythmus „und eins und zwei ..." wirft jeder sein Tuch etwas über Kopfhöhe in die Luft, bei „... und drei", findet ein Positionswechsel nach rechts statt und jeder greift das Tuch seines rechten Nachbarn. Was macht der Letzte? (Wer es nicht durch Probieren herausbekommen will, kann die Auflösung in Kapitel 5.2 „Jonglieren" nachlesen.)

Je nach Ausdauer und Fähigkeiten der Schülerinnen und Schüler gibt es verschiedene sich anschließende Variationsmöglichkeiten: Tuchwechsel schon bei „und zwei" oder bei „und eins", das übernächste Tuch wird gegriffen oder jeder hat zwei Tücher, ...

Diese sehr zirkusatmosphärische Einleitung kann durch verschiedene einfache Paar- und Gruppenjonglier- oder Akrobatiknummern ergänzt werden (siehe dazu die Beispiele in den entsprechenden Kapiteln). Zum Abschluss findet nun zum „Auszug der Gladiatoren" die Verabschiedung vom Publikum statt.

Hinter dem Vorhang treffen sich alle Artisten und können kurz ihre Erfahrungen austauschen.

### Hauptteil B
Die aufgebauten vier Stationen Jonglieren, Balancieren, Trapez und Akrobatik werden kurz vorgestellt. Jeder kann sich die aussuchen, zu der er am meisten Lust hat. An den Stationen wird jetzt selbstständig oder in kleinen Gruppen geübt und ausprobiert, oder es werden unter der Anleitung des Zirkusdirektors und der Helfer, neue Kunststücke gelernt.

Selbstverständlich kann jedes Kind auch die Stationen wechseln, kann selbstständig üben oder sich weitere Anregungen und Tipps von den anderen Artisten oder den Betreuern holen. Im Hintergrund läuft Zirkusmusik.

### Schluss
Die erste Stunde endet mit einer kurzen Traumreise, die die Schülerinnen und Schüler das Erlebte gedanklich nachvollziehen lässt und die einen kleinen Ausblick gibt, wie es weitergehen soll.

Dazu sitzen nochmals alle im Sitzkreis, schließen die Augen und der Zirkusdirektor erzählt von den Proben im tollen Zirkuszelt, baut dabei kleine, lustige Begebenheiten der Stunde mit ein und träumt weiter von den bunten Gesichtern und lustigen Geschichten der Clowns und der großen Zauberkiste, die beim nächsten Mal vorgeführt werden soll.

Nach dem gemeinsamen Abbau gehen fast alle Kinder mit viel Lust zum Weitermachen nach Hause.

☞ **Eine normale Übungsstunde**

*„Die größten Ereignisse,*
*das sind nicht unsere lautesten,*
*sondern unsere stillsten Stunden."*

Friedrich Nietzsche

### Einstiegsphase

Die Kinder kommen nach und nach in die Halle, Zirkusmusik oder eine von den Schülern mitgebrachte Kassette läuft im Hintergrund.

Die Teilnehmer nehmen sich aus dem Zirkusverschlag in der Halle, in dem alle Utensilien des Zirkus aufbewahrt werden, die Geräte, mit denen sie sich einstimmen wollen und fangen an, allein oder in kleinen Gruppen zu üben.

### Hauptteil

Nach ca. fünfzehn Minuten wird mit der Tröte zum Sitzkreis gerufen, werden die Vorschläge des Zirkusdirektors und die Wünsche der Kinder abgeklärt und in zwei oder mehreren Gruppen und Einzelaktionen anschließend geübt. Dabei hat jede Stunde ein Schwerpunktthema, z.B. Akrobatik.

Mit dem Zirkusdirektor und der Assistentin werden zum Thema neue Nummern ausprobiert oder die schon vorher geübten verbessert.

So wird von einem Teil der Kinder die in der letzten Stunde eingeübte Sitzpyramide besprochen und wiederholt. Die anderen üben selbstständig an der Gruppentuchjonlage oder balancieren mit der Laufkugel, dem Rola Bola und den Pedalos in der Ecke der Halle.

Nach etwa zehn Minuten treffen sich alle Akteure zur ersten kleinen Vorführung der Sitzpyramide. Anschließend soll die neue Fachwerkpyramide vorgestellt und geübt werden.

Wer Lust hat, dabei mitzumachen, bleibt in der Gruppe. Die anderen haben nun die Gelegenheit, mit der Assistentin am Trapez zu schwingen oder wieder selbstständig Jonglieren oder Balancieren zu üben.

### Schluss

Mit der Tröte werden die Übenden nach ca. einer Stunde wieder zusammengerufen und jeder kann den anderen das neu Erlernte in kurzer Form vorstellen. Gemeinsam wird abschließend die Halle aufgeräumt.

*Auch der Pyramiden-
bau muss geübt wer-
den.*

**Urkunde**

Das Projekt

**Zirkus Willibald**
Gesamtschule Wilhelmsburg
Perlstieg 1, 21107 Hamburg

wird ausgezeichnet mit dem

**Förderpreis Praktisches Lernen Hamburg**

des Vereins Praktisches Lernen und Schule
und der Schul-Jugendzeitschriften
FLOHKISTE und FLOH

**GOLDENER FLOH 1996**

Hamburg, am 31. Mai 1996

Folkert Doedens
stellvertretender Direktor
Pädagogisch Theologisches Institut

Frau Senatorin
Rosemarie Raab
Behörde für Schule, Jugend und Berufsbildung

*ZIRKUS WILLIBALD wird
1996 mit dem
„Goldenen Floh" aus-
gezeichnet, dem „Förderpreis
Praktisches Lernen" in Hamburg.*

### 4.2.3 Jahresplanung

Am Anfang eines jeden Schuljahres wird in Absprache mit den anderen Betreuern und Helfern ein Jahresplan erstellt, der die wichtigsten Übungs- und Auftrittstermine auflistet.

Dabei wird darauf geachtet, dass bis zum ersten Auftritt genügend Zeit zur Vorbereitung bleibt und dass dieser nicht gleich vor einem anspruchsvollen großen Publikum stattfindet. Zudem wird zwischen den einzelnen Auftritten auch eine genügend große Pause gelassen, sodass die Kinder zum einen nicht auftrittsmüde werden und genügend Zeit zum Verbessern des Programms erhalten, zum anderen aber auch nicht ihre Nummern und die Details vergessen.

*„Wer im Frühling nicht sät,*
*wird im Herbst nicht ernten."*

Sprichwort

**♦♦♦ JAHRESPLANUNG ♦♦♦**

| | |
|---|---|
| Anfang Dezember | ZIRKUSTAG in der Hofa |
| Mitte Dezember | Auftritt im Altersheim |
| | |
| Februar/März | Max. zwei kleine Auftritte |
| Mitte April | Auftritt im Rieckhof |
| Anfang Mai | Ein kleiner Auftritt beim türkischen Kinderfest in Wilhelmsburg |
| 11.-15. Mai | WANDERZIRKUS |
| 3. und 4. Juni | ZELTFEST im Schwimmbad Wilhelmsburg |
| 30. Juni | Kleiner Auftritt im Midsommerland |

Der erste kleine Auftritt im Ablauf des Schuljahres steht meist kurz vor Weihnachten im benachbarten Altersheim auf dem Programm.

Bis dahin müssen neben dem Üben der einzelnen Nummern in den Übungsstunden noch Kostüme ausgesucht und z.T. hergestellt werden, das Schminken geübt, die Requisiten geordnet, manchmal auch repariert oder verbessert werden und der Gesamtprogrammplan erstellt werden.

Die letzte Vorbereitung findet in der Regel an einem so genannten „Zirkustag" im nahe gelegenen Stadtteilzentrum, der Wilhelmsburger Honigfabrik, statt.

Einen ganzen Tag lang wird dort alles in Ruhe und außerhalb der schulischen Mauern und Zwänge geübt.

*Auftritt im Altenheim*

### ✦✦✦ ABLAUFPLAN ZIRKUSTAG ✦✦✦

| | |
|---|---|
| 08.00 Uhr | Verstauen der Zirkusutensilien auf Transportfahrzeug |
| 08.30 Uhr | Losgehen der Teilnehmer von der Schule |
| 09.00 Uhr | Ankunft und Ausladen |
| 09.15 Uhr | Besprechung im Sitzkreis, Vorstellung des geplanten Tagesablaufes, dann Einstimmungs- und Gruppenspiele |
| 09.45 Uhr | Arbeiten in Gruppen an einzelnen Nummern |
| 10.30 Uhr | Pause |
| 11.00 Uhr | Besprechung mit Schwerpunktsetzung und anschließender Arbeit in Gruppen an den Nummern |
| 12.00 Uhr | Mittagessen im Stadtteilzentrum |
| 12.45 Uhr | Aufbau eines Vorhangs und einer kleinen Manege sowie Vorbereitung der Artisten |
| 13.15 Uhr | Generalprobe mit kurzen Besprechungspausen |
| 14.45 Uhr | Abschlussbesprechung |
| 15.00 Uhr | Aufräumen und Einladen |
| 15.30 Uhr | Abfahrt des Transporters zur Schule und Ausladen, Schüler gehen direkt nach Hause |

Im Februar und März versuchen wir, in Kindereinrichtungen oder bei Festen im Stadtteil einzelne Nummern oder einen kleinen Teil unseres Programms aufzuführen. Dabei sammeln die Kinder erste öffentliche Auftrittserfahrungen, lernen auf verschiedenen Bühnen, unter z.T. sehr schwierigen Bedingungen und vor sehr unterschiedlichen Leuten, ihre Nummern vorzuführen. Gleichzeitig werden Schwachstellen erkannt und können anschließend besprochen und bearbeitet werden.

Der erste große öffentliche Auftritt findet in der Regel im April im Veranstaltungs- und Kulturhaus in Harburg, dem Rieckhof, statt. Dazu wird der Saal mit einfachen Hilfsmitteln innerhalb von etwa zwei Stunden in einen kleinen Zirkus verwandelt. Bis dahin werden meist noch ein oder zwei neue Nummern in das Programm mit aufgenommen bzw. die vorher erprobten verbessert.

Bei diesen Auftritten werden zudem zwei bis drei andere, befreundete Kinderzirkusgruppen eingeladen, die mit ihren Nummern das Programm des ZIRKUS WILLIBALD ergänzen und bereichern. Dabei bleiben aber die wesentlichen Blöcke des eigenen Programms erhalten.

Jeder lernt viel an einem solchen Tag von den anderen Gruppen und geht mit vielen Anregungen und Verbesserungsvorschlägen nach Hause.

*Die Manege im Rieckhof, dem Kulturhaus in Hamburg-Harburg*

| | PROGRAMM | RIECKHOF | 22.4.98 | |
|---|---|---|---|---|

| 0. | Kleine Diashow zum Einlass | Willibald (Wiba) |
|---|---|---|
| 1. | Kurze Ansage Ke/Justin mit Kerze | Direktor/Justin |
| 2. a | Artisten unter Fallschirm in Manege | Wiba |
| 2. b | Buntes Jonglierbild | |
| 3. a | Gruppentuchjonglage | Wiba |
| 3. b | Lied: „Wir sind der Zirkus ..." | Wiba |
| 4. a | Seilziehen | Wiba |
| 4. b | Gewichtheben | Wiba |
| 5. | Kurze Ansage/Begrüßung | Direktor |
| 6. | Clownsnummer: Pferdedressur | St. Gabriel |
| 7. | Tellerdrehen/zwei Mädchen | Sophie Barat |
| 8. a | Das Komische Gespenst | Wiba |
| 8. b | Akrobatik/Gruppennummer | Wiba |

◆◆◆ PAUSE ◆◆◆ PAUSE ◆◆◆ PAUSE ◆◆◆

| 9. | Jonglieren und Akrobatik | GS Allermöhe |
|---|---|---|
| 10. | Schuss durch die Tüte | Wiba |
| 11. | Zauberkiste | Wiba |
| 12. | Clownsnummer: Torreros | St. Gabriel |
| 13. | Leiterakrobatik | Sophie Barat |
| 14. | Schwebenummer | Wiba |
| 15. a | Abschlussbild/alle Artisten | alle |
| 15. b | Justin pustet Kerze aus | Justin |

Da ab Mai häufig Straßen- und Kinderfeste stattfinden, werden wir in diesem Zusammenhang gern eingeladen. Wir planen in dieser Zeit aber selbst unsere eigenen Großveranstaltungen, sodass viele Engagements abgesagt werden müssen, um die Organisatoren und die Kinder nicht überzustrapazieren.

Im Mai und Juni liegen meist die beiden großen jährlichen Veranstaltungen des ZIRKUS WILLIBALD, eine mehrtägige WANDERFAHRT sowie ein GROßES ZELTFEST in WILHELMSBURG, die in Kapitel 5 noch genauer beschrieben werden.

# 5. Die Programmnummern

*„Nur immer diese Lust zum Wahn!*
*Kommt doch das Hügelchen heran,*
*Hier ist's so lustig wie im Prater;*
*Und hat man mir's nicht angetan,*
*So seh ich wahrlich ein Theater.*
*Was gibt's denn da?"*

Goethe im „Faust" zur Walpurgisnacht

Das große Zirkuszelt ist gefüllt, der Zeltvorhang zum Einlass ist verschlossen, die Sitzplätze der Zuschauer sind ausgeleuchtet, Kinder rufen, sind unruhig, im Hintergrund spielt immer noch die einleitende Zirkusmusik. Das Programm kann beginnen.

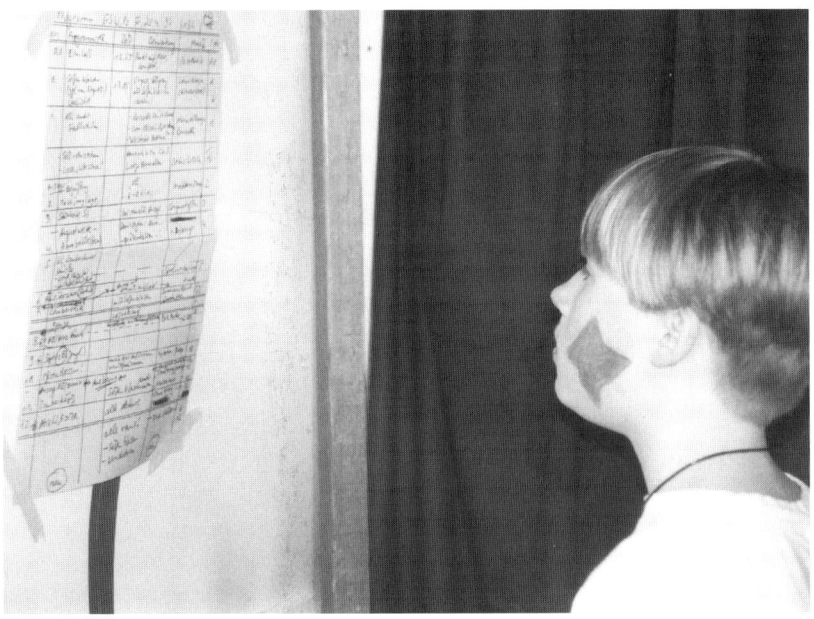

*Wann ist mein Auftritt?*

## 5.1 Der Anfang

*„Die Zeit ist reif, die Wünsche und Visionen,*
*die in uns leben, nach außen zu bringen,*
*sie zu kristallisieren. Es ist Zeit zu beginnen."*

Möwe Jonathan

Wie bekommen wir jetzt Ruhe und Aufmerksamkeit, wie beginnen wir unser Programm?

Wir haben in den letzten Jahren im Wesentlichen drei verschiedene Formen ausprobiert, die ich hier kurz vorstellen möchte.

☞ *Die „traditionelle" Variante*
Das Licht geht aus, einen Augenblick wartet man, bis Ruhe einkehrt. Wenn vorhanden, wird ein Spot auf den Vorhang gerichtet, der Zirkusdirektor tritt in die Manege und begrüßt die Zuschauer.

Obwohl diese Form sehr antiquiert und wenig fantasievoll wirkt, hat sie doch einige Vorteile: Zum einen gibt es einen klar definierten Anfang, jeder weiß, dass es losgeht.

Zum anderen war es für uns in manchen Situationen notwendig, uns auch verbal kurz vorzustellen, aber auch manchmal bestimmte „Regeln" klarzumachen, z.B. dass es keine „Buhrufe" gibt, wenn einmal etwas nicht so gut klappt oder positiv ausgedrückt, dass es neben „Ruhe" und Aufmerksamkeit während der Vorstellung, auch verschiedene Steigerungsstufen von „Applaus" gibt – und das kann man sehr schön mit den Zuschauern, insbesondere mit den Kindern, am Anfang üben.

☞ *Die „magische" Variante*
Ein kleiner Spot ist auf die Mitte des Vorhangs gerichtet, „The Pink Panther" läuft als Hintergrundmusik, ein Paar weiße Hände kommen zum Vorschein, wandern zusammen auf und ab, bewegen sich weiter bis zur Oberkante des Vorhangs und gehen auseinander, immer weiter und weiter, zwei, drei, vier Meter. Die Hände kommen wieder langsam zusammen, wandern bis zur Mitte des Vorhangs zurück und passend zur Musik, wird der Vorhang von den Händen geöffnet und der Zirkusdirektor tritt in die Manege.

*Erster großer Auftritt des Zirkusdirektors*

### Die „mystische" Variante

Das Licht wird langsam bis zur vollständigen Dunkelheit gedimmt, die Musik wird ausgeschaltet, wie von magischer Hand geleitet, blicken alle gespannt zum Vorhang und werden ruhig.

Langsam steigernd ist eine angenehme, fast sphärische Musik zu hören, ein kleiner Lichtkegel ist auf den Vorhang gerichtet. Er öffnet sich behutsam und unter einem bunten Tuch verdeckt bewegen sich in einem fließenden Auf und Ab geduckte Gestalten, treten in die Mitte der Manege und kommen dort zur Ruhe.

Das bunte Tuch wird zurückgezogen, etwa 20 Kinder liegen mit verschiedenen Gerätschaften schlafend am Boden. Ein Clown mit einer brennenden Kerze in der Hand kommt hinzu und geht um diese Gruppe herum, etwas verstört und schlaftrunken. „Ist das ein Traum hier, hat das etwas mit Zirkus zu tun?", fragt der Clown sich und die Zuschauer.

Klar, denn das ist der Beginn der Zirkusvorstellung des ZIRKUS WILLIBALD und selbstverständlich hat Zirkus etwas mit Träumerei und Fantasie zu tun. Aber auch mit besonderen (Bewegungs-) Fertigkeiten.

Denn plötzlich erwachen unsere Kinder, Roncallis „Einzug der Gladiatoren" ertönt, die Scheinwerfer erleuchten die gesamte Manege und die Zirkuskinder zeigen in freudvollen Posen, was sie an Zirkuskünsten alles zu bieten haben bzw. was noch im Laufe der Vorstellung zu erwarten ist: mit Bällen und Tüchern jonglieren, Teller drehen, auf einer Laufkugel oder Stelzen balancieren, ein paar einfache Duoakrobatiknummern, Rope Skipping zu zweit in einem Seil, ein paar Animationsversuche von zwei lustigen Gespenstern oder

*Die „mystische" Eingangsvariante*

einfach ein paar Seifenblasen oder Luftballons, die ins Publikum gepustet bzw. gestoßen werden. Zu diesem bunten Bild wird geklatscht und gewunken und ohne einleitende Worte sind die Zuschauer und die Artisten mitten im Zirkustraum.

Hieran schließt sich meist das selbst gedichtete Begrüßungslied des ZIRKUS WILLIBALD an, das alle lauthals zur begleitenden Hintergrundmusik singen:

*„Wir sind der ZIRKUS WILLIBALD,*
*wir spielen hier für Jung und Alt,*
*wir tanzen, musizieren,*
*wir zaubern und jonglieren,*
*wir machen Clownerie,*
*affengeil, affengeil.*

*ZIRKUS WILLIBALD,*
*welcome, bienvenue,*
*hos geldeniz,*
*willkommen Jung und Alt.*

*Nun geht es richtig los,*
*das finden wir famos,*
*ihr müsst laut applaudieren,*
*dann wird gleich viel passieren,*
*wir freuen uns dabei,*
*affengeil, affengeil.*

*ZIRKUS WILLIBALD*
*welcome, bienvenue,*
*hos geldeniz,*
*willkommen Jung und Alt."*

## 5.2 Jonglieren

*„Alle Dinge sind schwer,*
*bevor sie leicht werden."*

Persisches Sprichwort

Wie kann ein Traum besser dargestellt werden als durch schwebende Tücher?

So stehen häufig gleich in der nächsten Programmnummer sechs bis acht Kinder in einer Reihe, jedes hat ein farbiges Chiffontuch in einer Hand. Zu Charly Chaplins „Modern Times" werden die Tücher im gleichen Rhythmus bei „und eins, und zwei" hochgezogen und bei „und drei" in die Luft geworfen.

Das Ganze erscheint so wenig spektakulär, also müssen Schwierigkeiten und lustige Elemente eingebaut werden, wie z.B. dass bei „und drei" jedes Kind eine Position nach rechts rückt und dabei das Tuch seines rechten Nachbarn ergreift. Dies führt zu vielerlei Verwirrung und wenn man es ausprobiert, ist nur eine Lösung sinnvoll: Der Letzte rechts muss vor oder hinter der ganze Gruppe herlaufen und das letzte Tuch am linken Ende der Reihe versuchen zu schnappen – und weiter geht's.

Diese Programmnummer ist auch gleichzeitig eine einführende methodische Gruppenübung im Rahmen eines systematischen Trainingsprogramms zum Jonglieren mit drei Bällen.

Einen abwechslungsreichen und vielfach erprobten methodischen Weg möchte ich im Folgenden kurz beschreiben:

### ✦ *Tuchjonglage in einer Reihe*

Nach dieser Grundübung können sich je nach Könnensstand der Gruppe noch verschiedene Varianten anschließen: z.B. Tuchwechsel mit Nachbarn schon bei „und 2" oder bei „und 1" das Tuch vom übernächsten Nachbarn greifen oder jeder hat zwei Tücher, ...

### ✦ *Balljonglage im Kreis*

Jedes Kind hat einen Jonglierball in einer Hand, jeder probiert verschiedene Würfe und Techniken aus. Einzelne stellen ihre Ideen vor und die anderen versuchen, es nachzumachen. Dann versuchen alle gemeinsam, auf „und 1 und 2" die Bälle im leichten Bogen von der rechten in ihre linke Hand zu werfen und umgekehrt.

Klappt das ganz gut, kann versucht werden, wie oben mit den Tüchern, auf „und 3" den Ball zum rechten Nachbarn weiter zu werfen. Hieran können sich, wie bei der Tuchjonglage, die obigen oder auch andere Varianten anschließen.

### ✦ *Drei-Ball-Jonglage (Kaskade)*

Die Schüler stehen paarweise eng nebeneinander, möglichst sogar eingehakt. Der linke Partner hält einen Ball in der linken Hand, der rechte Partner einen in der rechten. Nun werden die Bälle versetzt im Rhythmus bei lautem Zählen „1" (rechten Ball im Bogen nach links werfen, Höhepunkt etwas über Stirnhöhe), „2" (linken Ball in ähnlicher Kurve nach rechts) hin- und hergeworfen, einmal beginnt der rechte, dann der linke Partner. Nach einiger Zeit werden auch die Seiten gewechselt.

Dann nimmt der rechte Partner zwei Bälle in seine rechte Hand. Er beginnt, bei „1", den ersten Ball nach links zu werfen, dann fliegt auf „2" der linke nach rechts und bei „3" fliegt der zweite Ball aus der rechten Hand wieder nach links. Zwischendurch müssen die Bälle, die kommen, natürlich immer wieder gefangen werden. Wichtig dabei ist, laut zu zählen und nur die äußeren Hände zu benutzen.

Jonglierübungen mit drei Bällen

Nach kurzer Zeit ist in der Regel das Prinzip von den Schülerinnen und Schülern verstanden. Wer die Übung bis „3" sauber beherrscht, kann beim nächsten Mal bis „4" gehen – es passiert ja im Grunde genommen nichts Neues mehr, sodass jedes Paar in diesem Sinne selbstständig weitermachen kann.

Zwei Hinweise sind an dieser Stelle noch wichtig: Auf jeder Stufe sollen immer wieder die Seiten gewechselt werden und „Werfen ist wichtiger als Fangen!".

Wenn diese Übung gut beherrscht wird, können sich die Paare trennen und jeder kann nach dem gleichen Muster individuell üben.

Wer die Kaskade gut beherrscht, kann sich an schwierigeren Formen probieren. Eine sehr kindgemäße Einführung des Jonglierens mit Tüchern und Bällen beschreibt Kerstin Erlacher in ihrem kleinen „Jonglierbuch für Kinder".

Das Grundprinzip der Kaskade ist auch bei Reifen und Keulen anwendbar. Hierbei sind jedoch andere Griff- und Wurftechniken zu beachten.

Natürlich gehört zum Bereich Jonglieren noch eine Vielzahl anderer Geräte mit unendlich vielen Tricks.

Die einfachsten Geräte sind für die Schüler in der Regel Teller, Tücher und Bälle, spannend finden

viele die Diabolos oder den De-
vil Stick. Viel probiert wird auch
noch mit Reifen, Keulen oder
„Zigarrenkisten".

Wichtig ist beim Jonglieren,
dass man den Kindern viel Zeit
zum Üben lässt und vor allem,
dass sie ihr Gerät finden. Wenn
jemand wirklich sein Gerät gefun-
den hat, dann ist er kaum noch
davon wegzubekommen und die
Tricks gelingen wie von selbst.

Wer „Alles über die Kunst des
JONGLIERENS" erfahren möchte,
kann dies bei Dave FINNIGAN im
gleichnamigen Buch erfahren
sowie sich in Josef GAALS Buch,
„Bewegungskünste – Zirkuskünste", viele Anregungen holen.

Am Schluss jeder Jonglier-
übungsstunde sollte möglichst
für Einzelne und insbesondere
für Gruppen eine kleine Vorführung improvisiert werden,

*Perfekte Jonglage mit drei Bällen*

bei der jeder das zeigen kann, was er oder sie gerade gelernt hat. Jeder Vorführende denkt sich dabei einen Künstlernamen aus, mit dem er vorgestellt
werden möchte. Bei der Präsentation läuft im Hintergrund Zirkusmusik.

Wichtig bei diesen kleinen Auftritten ist in erster Linie nicht das Können der
Schüler, sondern sie sollen schon jetzt wahrnehmen, dass sie ihre kleinen
Kunststücke anderen präsentieren – und dass dies etwas anderes ist, als nur
eine Sache zu üben. Deshalb lege ich von Anfang an Wert darauf, wie die
Kinder in die Manege treten, wie sie ihre Künste zeigen und wie sie die klei-
ne Vorführung beenden.

In einem späteren Kapitel „Darstellen und Gestalten" (5.10) werde ich
noch ein paar Spiel- und Übungsformen dazu beschreiben.

## 5.3 Balancieren

*„Der Mensch hat sein Gleichgewicht nicht,*
*er muss es immer neu finden."*

Dore Jacobs

„I'm Singing in the Rain" ist als Hintergrundmusik zu hören. Ein kleiner Junge auf hohen Stelzen kommt dazu pfeifend in die Manege. Viele kleine Artistinnen und Artisten kommen mit geöffneten Schirmen hinzu, schauen sich um und betrachten prüfend die verschiedenen, zum Teil recht ungewöhnlichen Geräte, wie z.b. eine große Kugel, ein paar Pedalos, Stelzen, andere diverse Schuhe und Kleingeräte, eine Rolle mit einem Brett, Leitern, Einräder, ein langes, dickes Tau und ein in der Luft hängendes Trapez.

Es hört einfach nicht auf „zu regnen". Pfützen entstehen, ein kleiner See und langsam steigt das Wasser in der Manege. Natürlich wollen die kleinen Artisten keine nassen Füße bekommen, also versuchen sie, auf die Geräte zu steigen und zu balancieren.

Viele der Kinder beherrschen die Kunst des Balancierens schon recht gut, einige können sogar, weil es ja auf die Dauer recht langweilig wird, einige Jonglierkünste auf den diversen Geräten vorführen, andere holen sich aber auch ab und zu „nasse Füße".

Nur, wie sollen sie hier aus der überschwemmten Manege wieder trockenen Fußes herauskommen? Ein Clown mit einem Eimer versucht zu helfen, indem er das „Wasser aus der Manege in die Zuschauer schüttet", aber das reicht nicht. Wie kann er das Problem lösen? Er hat eine geniale Idee. Er öffnet einfach die große Schleuse, den Vorhang, und so kann das Wasser abfließen und die Balancierkünstler können gleichzeitig unter dem Applaus der Zuschauer die Manege verlassen.

Im Folgenden möchte ich kurz einige Balanciergeräte beschreiben, ein paar methodische Hinweise und Tipps für den Auftritt geben.

Einige der Geräte kann man mit handwerklichem Geschick selbst herstellen (z.B. Stelzen und Rola Bola). Bauanleitungen findet man u.a. in Klaus HOYERS „Zirkus"-Buch oder in Elmar MÜLLERS „Manegenzauber". Alle Geräte können jedoch in guter Qualität (manchmal leider aber auch recht teuer) über Fachhändler, z.B. bei Pappnase & Co., in Hamburg, bezogen werden.

Eine Liste weiterer Fachhändler ist in Kapitel 9 „Literatur und mehr" zu finden. Eine ganze Menge von Anregungen und methodischen Tipps zu diversen Balanciergeräten findet man auch in Josef GAALS „Bewegungskünste – Zirkuskünste".

Grundsätzlich möchte ich jedoch betonen, dass gerade bei den Balancierkünsten viel selbst ausprobiert werden kann und sollte. Vor allem über das selbstständige Üben werden vielfältige Bewegungserfahrungen gesammelt, die zwar nicht unbedingt kurzfristig für die Auftritte verwendet werden können, die jedoch für die Entwicklung der Kinder und auch langfristig für die Motivation der Jungen und Mädchen für die Zirkusarbeit sehr wichtig sind.

Daher ist es häufig sinnvoll, eine Vielzahl von verschiedenen Balancier- und anderen Geräten einfach zur Verfügung zu stellen, die Kinder das üben zu lassen, wozu sie Lust haben und nur in bedenklichen Situationen oder wenn Anregungen und Hilfen gewünscht werden, einzugreifen.

### Pedalos

Pedalos sind Lauf- und Balancierräder, die vorwiegend zum Spielen und in der Bewegungstherapie eingesetzt werden. Bei den Zirkusauftritten sind sie in Verbindung mit lustigen Verkleidungen, z.B. einem Bärenkostüm und zum gebückten Durchlaufen von kleinen Hindernissen bei Kindern sehr beliebt.

In den Übungsstunden können sie besonders zur Gleichgewichts-, Rhythmus- und Koordinationsschulung eingesetzt werden und eignen sich von ihrem Bewegungsablauf her sehr gut zur Vorbereitung auf das Einradfahren. Notwendig ist jedoch eine feste Unterlage, auf der je nach Könnensstand Einzel-, Doppel- oder Zweierpedalos sich für meist lustige Paar- oder Gruppennummern eignen.

### Stelzen

Angefangen bei den kleinen Laufdollis, Moonshoes und Pogo Sticks, über die altbekannten Laufstelzen bis schließlich hin zu den Hochstelzen, spielen diese Geräte in der Gleichgewichtsschulung, insbesondere aufgrund ihres hohen Aufforderungscharakters, eine sehr wichtige Rolle. Aber auch bei den Auftritten selbst sind sie wegen ihrer Vielfalt und unterschiedlichen Einsetzbarkeit auf allen Fertigkeitsniveaus bei den Artisten und Zuschauern sehr beliebt.

Besonders die Hochstelzen sollten vor jedem Gebrauch regelmäßig auf festen Sitz und auf mögliche Fehler oder Verschleiß überprüft werden. Zudem sind bei Auftritten besondere Situationen mitzubedenken, die Kinder darauf aufmerksam zu machen und gegebenenfalls Sicherungen bereitzustellen (z.B. niedrige Türen oder Durchgänge, Blendungen durch Scheinwerfer oder unbedachtes Handeln von Kindern).

☞ *Rola Bola*

Das Brett auf der Rolle eignet sich in besonderer Weise, darauf Jonglierkunststücke mit Tüchern, Bällen, Tellern oder Reifen vorzuführen. Vorher sollte aber die Balance auf dem Brett sicher beherrscht werden. Dazu sollte beim Einüben zur Hilfe bzw. Sicherung eine Person vor dem Übenden stehen und diesen mit ausgestreckten Armen leicht an den Händen fassen. Man sollte auch am Anfang darauf achten, dass nur auf Turnmatten geübt wird. Dadurch wird die Rollbewegung etwas verlangsamt und weicher sowie die Verletzungsgefahr beim Hinfallen verringert.

Wichtig ist vor allem, dass niemand neben dem Brett steht, denn wenn der Übende aus dem Gleichgewicht kommt, kann das Brett blitzartig über die Rolle zur Seite schießen und die Kante den an der Seite Stehenden am Bein treffen.

*„Wer zu viel wagt,*
*kann schnell das Gleichgewicht verlieren."*

Frei erfunden, aber wahr

☞ *Große Laufkugel*

Die große Laufkugel stellt eine besondere Attraktion im Reigen der Balanciergeräte dar, vom Preis angefangen (ab 500,- DM), bis hin zum Schwierigkeitsgrad, insbesondere in Verbindung mit Jongliergeräten oder auch mit einem Musikinstrument, z.B. einer Flöte.

Am Anfang ist das Üben aber auch mit einer erhöhten Verletzungsgefahr verbunden. Die Kugel sollte daher zu Beginn nur unter Aufsicht und Hilfestellung eines Erwachsenen zum Üben bereitgestellt und es sollte nur auf ausreichend ausgelegten Turnmatten geübt werden. Bei Ungeübten besteht nämlich die Gefahr, dass die Kugel nach vorn wegläuft und der kleine Artist unkontrolliert nach hinten fällt. Deshalb sollten beim Einüben ein oder zwei Personen an der Seite stehen und u.U. den Übenden an die Hand fassen und auf alle Fälle den Rücken sichern.

*Gleichgewichtstraining auf dem*
*Rola Bola*

*Jongliernummer auf der großen*
*Laufkugel*

## ☞ *Leitern*

Bei der Leiterbalance versucht erst ein Artist, später weitere Artisten, die beiden freistehenden Leitern von innen oder außen zu besteigen und je nach Könnensstand, diverse Kunststücke vorzuführen.

Beim Üben und Vorführen müssen die Leitern sicher und rutschfest stehen und vor und hinter der Leiter muss gesichert werden. Am besten werden rund um die Leitern Turnmatten ausgelegt.

Beim Aufstieg von innen versucht ein Artist, zwischen den beiden stehenden Leitern langsam Stufe für Stufe hochzusteigen (dabei tritt er möglichst in die Mitte der Leiterstufen, um ein Kippen nach vorn oder hinten zu vermeiden) und schließlich auf der vorletzten Sprosse freihändig zu stehen.

Beim Aufstieg von außen werden die beiden Leitern wie eine Stehleiter zusammengelehnt und anfangs vom Betreuer festgehalten. Der Kleinste der Artisten steigt nun vorsichtig auf, stellt sich auf die beiden vorletzten Sprossen, drückt die Knie zusammen und hält die Leitern so im Gleichgewicht. Der Betreuer steht nur noch zur Sicherung hinter den Leitern. Nun steigen jeweils gleichzeitig zwei Kinder von beiden Seiten vorsichtig auf (max. vier insgesamt), strecken noch einen Arm und ein Bein zur Präsentation nach außen. Der Abbau geschieht genauso vorsichtig, nur in umgekehrter Reihenfolge.

Eine dritte Leiter kann hinzugeholt werden. Die beiden äußeren werden senkrecht festgehalten und die dritte waagerecht dazwischen eingehängt. Eine mutige Artistin steigt auf und balanciert über die waagerechte Leiter.

## ☞ *Schlappseil und Balancierstange*

Es ist kaum zu glauben, aber möglich: Ein sechs bis acht Meter langes Tau wird an beiden Seiten von jeweils 4-5 kräftigen Kindern straff gezogen, zur Hilfe sollten auch je ein oder zwei Erwachsene mitziehen. Ein Helfer stützt beim Aufstieg auf das Seil eine kleine Artistin, die nun frei auf dem Seil steht, in einer Hand einen geöffneten Regenschirm. Dieses Balancierkunststück erfordert jedoch einige methodische Vorübungen:

✦ vorwärts und rückwärts gehen auf einer umgedrehten Langbank,

✦ über den Schwebebalken balancieren, anfangs mit Handfassung,

✦ über eine tief gestellte Reckstange balancieren, zuerst mit Handfassung, dann mit Selbstsicherung durch ein vorne am Reckbalken angebrachtes Seil

✦ über den unteren Holm eines Stufenbarrens gehen,

✦ über ein zwischen zwei Reckpfosten knapp über den Boden straff gespanntes Tau balancieren.

*Balance auf der Leiter –
Vorführung im Rieckhof*

*Gemeinsamer Auftritt mit dem
Zirkus Giovanni im Zirkus Roncalli im Mai 1996*

☞ *Einrad*

„Die Kunst des Einradfahrens" ist heute nicht nur mehr im Zirkus und Varieté zu sehen, immer mehr Kindern und Jugendlichen begegnet man mit diesem seltsamen und schwierigen Gerät sogar auf der Straße. Wer es einmal beherrscht, verlernt es nicht mehr. Es aber zu erlernen, braucht seine Zeit und einige Mühen.

Wir haben regelmäßig beim Zirkus Willibald mit Einrädern geübt, einige Kinder hatten auch Einräder zu Hause, doch selten haben wir bei unseren Aufführungen in vollem Umfang davon Gebrauch gemacht, weil entweder die Fähigkeiten und die Sicherheit im Umgang mit dem Einrad auf kleinem Raum nicht ausreichten oder der Boden ungeeignet war (z.B. Rasen oder Sand).

Trotzdem haben wir bei unseren Vorstellungen die eine oder andere Nummer mit einem Einrad eingebaut, z.B. wenn es einen „Stromausfall" gab. Das Licht ging aus, der Zirkusdirektor oder ein Helfer rief „Stromausfall, wo ist das Notstromaggregat?" Und schon flitzten unsere beiden Einräder an, sie wurden verkehrt herum auf den Boden gestellt und mit den Händen die Räder gedreht. Sobald eine bestimmte Drehzahl erreicht war, wurde das Licht langsam heller, bis schließlich unter dem Beifall der Zuschauer, die ganze Manege wieder ausgeleuchtet war.

*Einradnummer der „Rot(z)nasen"*

Wer mehr mit dem Einrad auf der Straße oder beim Zirkus machen möchte, muss viel üben. Doch auch hier gilt: Wer vom „Einradfieber" gepackt ist, der lernt es auch. Viele verschiedene methodische Wege führen zum Ziel: Zwei zu empfehlende werden beschrieben bei Josef GALL und in dem Einradbuch mit dem obigen Titel von Björn DINKLAGE und Bettina BARDELL.

> *„Seine Dynamik ist nicht aus der Luft gegriffen.*
> *Sie ist dort entstanden."*

### Trapez

Wer schaut nicht mit gebanntem Blick in die Luft, wenn Artisten am Trapez in schwindelnder Höhe ihre Kunststücke vorführen? Einen Hauch davon bewahrt sich auch das Trapez im Kinderzirkus, nur dass es sich nicht in schwindelnden Höhen bewegt und mit Kindern angemessene und vor allem weniger gefährliche Übungen vorgeführt werden. Trotzdem ist beim Trapez die Suche der Kinder nach abenteuerlichen Aktionen erkennbar.

Am Trapez können für Kinder und Jugendliche Herausforderungen und Bewährungssituationen geschaffen werden, das Trapez eröffnet im wahrsten Sinne des Wortes neue (Luft-) Räume und auch neue Bewegungserfahrungen. Balancieren, Hängen und Schwingen sind Grundformen des Bewegens, die in der gegenwärtigen Zeit zu kurz kommen, das Trapez schafft hier attraktive und vielfältige Möglichkeiten.

> *„Kräfte beherrschen. Faszination erfahren."*

Ich habe das Trapez unter den Balancierkünsten eingeordnet, weil wir uns bei den Aufführungen bisher auf das nichtschwingende Standtrapez beschränkt haben. Hierzu möchte ich einige praktische und methodische Hinweise geben und schließlich noch ein paar Grundtechniken beschreiben.

Wer mehr über das Stand- und auch das schwingende Trapez erfahren möchte, kann dies im Buch von Johannes HERTEL „Trapezakrobatik für Kinder" nachlesen.

☞ *Allgemeine Sicherheitshinweise*
Grundsätzlich sind Übungen am Trapez nicht gefährlicher oder schwieriger als solche an anderen Turn- oder Zirkusgeräten. Es müssen jedoch auch hier bestimmte Sicherheitsaspekte beachtet werden:

✦ Das Trapez sollte am Anfang und beim Einüben neuer Techniken höchstens in Reichhöhe angebracht sein.
✦ Vor jeder Nutzung ist ein Sicherheitscheck durch den Betreuer notwendig.
✦ Es müssen ausreichend Matten, am besten Weichbodenmatten, untergelegt werden.
✦ Vorheriges Aufwärmen und Dehnen sowie Fallübungen sind sinnvoll.
✦ Vorher müssen mit den Übenden verbindliche Regeln abgesprochen werden, z.B. keine unkontrollierten Abgänge ausprobieren, kein freies Schwingen u.ä.
✦ Besonders am Anfang steht immer der Betreuer als Hilfestellung zur Verfügung, später können auch andere mit dieser Aufgabe betraut werden.

*Material*
Es gibt spezielle, über den Fachhandel erhältliche Trapezkonstruktionen, die in die normalen Schaukelringe der Turnhallen sicher eingeklickt werden können (z.B. über Erhard-Sportgeräte oder Sport Thieme), die wir auch beim ZIRKUS WILLIBALD benutzen. Für Auftritte im Zirkuszelt oder für bestimmte Übungen sind professionelle oder selbst gebaute Trapeze notwendig. Mit ein wenig handwerklichem Geschick kann man sich nach der Bauanleitung von Johannes HERTEL ein solches Trapez selbst anfertigen.

*Methodische Aspekte*
Anfangen sollte man mit leichten, einfachen Übungen, die von ihrer Struktur her von anderen Geräten schon bekannt sind. Dabei ist jedoch immer die Instabilität des Trapezes zu beachten, die häufig von den Kindern unterschätzt wird. Man sollte nicht zu lange üben und mehr auf die Qualität der Aus-

führung achten, als auf eine große Anzahl von beherrschten Übungen. Wichtig ist, dass gerade am Anfang die Übungen langsam und dadurch auch konzentriert ausgeführt werden, und zwar aus stilistischen und sicherheitstechnischen Gründen.

### Grundtechniken

Im Folgenden möchte ich einen möglichen Ablauf einer kleinen Präsentation am Trapez darstellen. Es gibt jedoch viele andere Möglichkeiten. Zudem kann auch jedes Element für sich genommen vorgeführt werden.

### A. Der Aufstieg

Man greift mit beiden Händen außen ans Trapez und führt mit etwas Schwung, gegebenenfalls mit Unterstützung des Helfers, die angewinkelten Beine zwischen den Armen unter dem Trapez durch.

### B. Der Kniehang

Dann werden die angewinkelten Beine über das Trapez geführt und in den Kniekehlen am Trapez eingehakt. Die Hände werden langsam gelöst und der Oberkörper hängt frei nach unten. Man kann auch den Kniehang einbeinig durchführen. Dann kann man das freie Bein über den Fuß des eingehakten legen.

### C. Der Sitz

Nun bringt man die Hände möglichst hoch an die Trapezseile und zieht sich langsam nach oben bis zum Sitz auf der Stange. Es gibt verschiedene Sitzpositionen, die man einnehmen kann, z.B. Beine dabei gestreckt, Beine angewinkelt, mit dem Rücken an das Seil gelehnt, mit einer oder sogar mit beiden Händen frei. Der Sitz dient zum einen zum Ausruhen, aber auch zum Präsentieren.

*B. Der Kniehang am Trapez*

C. Der Sitz auf dem Trapez

D. Der Stand auf der Stange des Trapez

E. Der Pfau (Pos.1) am Trapez

Der Pfau (Pos. 2) am Trapez

## D. Der Stand

Die Hände werden wieder möglichst hoch ans Seil geführt und durch das Anwinkeln der Arme zieht man sich nach oben in den Stand. Auch hier gibt es verschiedene Formen, von beidbeinig frontal, über angelehnt, bis hin zum einbeinigen Stand. Auch in dieser Position kann man sich ausruhen oder den Applaus der Zuschauer entgegennehmen.

### Abgänge

## E. Der Pfau

Genauso, wie man hochgekommen ist, kann man zurückgehen bis in den Kniehang und mit sicherem Griff am Trapez mit einer Rolle rückwärts langsam in den Stand zurückkommen.

## F. Der Schmetterling

Vom Sitz aus kann man ein wenig spektakulärer abgehen und zwar, indem man die Beine nach vorn unten streckt und mit den Händen das Trapez greift. Der Oberkörper ist nun gestreckt und mit guter Körperspannung wird das Körpergewicht leicht nach hinten verlagert. Jetzt führt man eine ge-

*F. Der Schmetterling (Pos. 1) am Trapez*     *Der Schmetterling (Pos. 2) am Trapez*

streckte Rolle rückwärts um die Stange aus. Der Körper ist kurzzeitig noch in der Überstreckung, doch dann werden die Beine nach hinten geschleudert, die Hände gelöst, sodass man mit leicht gespreizten Beinen sicher am Boden zum Stand kommt. Bei den ersten Übungsversuchen sollte zur Sicherung ein Helfer den Oberarm des Trapezakrobaten im Klammergriff greifen.

Bei den Übungsstunden haben wir auch am schwingenden Trapez geübt und gearbeitet. Neben den obigen Sicherheitsregeln ist die besondere Dynamik und damit verbunden, ein erhöhtes Risiko, zu beachten. Deshalb sollten sehr klare Regeln bei der Nutzung vorgegeben und die Einhaltung beachtet werden, um jedes Risiko durch unbedachte Handhabung zu vermeiden.

Ich möchte noch kurz eine Übungsfolge für Gruppen am schwingenden Trapez vorstellen:
Unter das hängende Trapez werden zwei Weichböden hintereinander gelegt. An ein Ende wird ein Querkasten und dahinter ein kleiner Kasten zum Aufsteigen aufgestellt. Am anderen Ende werden noch zwei blaue Turnmatten zum Auslaufen hingelegt. Das Trapez wird in der Höhe fixiert, dass es die Kinder gerade mit den Händen, auf dem Kasten stehend, erreichen können. Die Kinder stehen in einer Reihe hinter dem Kasten und nur jeweils eines, bzw. bei Paarübungen zwei, darf bzw. dürfen den Kasten besteigen.

☞ ✦ Das Trapez wird am Anfang angereicht, ein Kind schwingt, je nach Absprache ein-, zwei- oder dreimal vor und zurück und läuft schließlich über die Turnmatten nach vorn aus. Der Nächste steigt auf und macht die gleiche Übung.

✦ Eine Zauberschnur oder ein Seil wird quer zur Schwungrichtung gehalten und die Trapezschwinger müssen versuchen, beim Abgang durch einen Unterschwung über das Seil zu kommen.

✦ Ein zweiter Kasten wird statt der Turnmatten am anderen Ende quer gestellt und die Schüler müssen nun versuchen, beim Abgang auf den Kasten aufzuschwingen.

✦ Viele dieser Übungen können auch zu zweit am Trapez oder im Hin- und Herrhythmus durchgeführt werden.

*Üben für den großen Auftritt am Trapez*

## 5.4 Akrobatik

*„Sich in die blaue Luft empor zu schwingen*
*den Körper wirbelnd in die Höh' zu drehn*
*Und drauf, um wieder sichern Stands zu stehn*
*Mit viel Geschick herab zur Erde springen –*

*Der Laie meint, dies kann nur dem gelingen*
*dem Geister unsichtbar zur Seite stehn.*
*Nein, liebe Leut, nach vielem Üben wird euch heut,*
*der ZIRKUS WILLIBALD, die Kunst der Akrobatik hier vollbringen."*

Frei nach Bauvais de Chauvincourt, 16. Jahrh.

Zu flotter Musik laufen ca. 15 Jungen und Mädchen in die Manege ein, stellen sich in einer Reihe in der Mitte geteilt vor dem Vorhang auf, die rechte Hälfte ruft mit einladender Geste des linken Arms nach links gewandt „Akro-" und die linke Hälfte ergänzt „-batik" – und los geht es mit Menschenpyramiden, Gruppendenkmälern und Paarfiguren. All das sieht in der Manege meist einfach und gefahrlos aus, doch es stecken viele Übungsstunden und bei der Aufführung viel Konzentration dahinter.

Obwohl zwischen den einzelnen Übungen viel Dynamik in der Vorführung liegt, werden die Übungen selbst sehr langsam und konzentriert ausgeführt. Wir haben uns aus unterschiedlichen Gründen, vor allem um Verletzungen zu vermeiden, bei unseren Vorführungen immer auf die so genannte „Adagio-Akrobatik", also eine Paar- und Gruppenakrobatik mit langsamer Ausführung, beschränkt.

Im Folgenden möchte ich ein paar grundsätzliche Hinweise zu dieser Art der Akrobatik geben und einige methodische Spiel- und Übungsformen sowie für Schüler und Schülerinnen sinnvolle Übungen vorstellen

Wichtige Elemente der Akrobatik sind ein gutes Zusammenspiel der Paare und Gruppen, Beweglichkeit, Vertrauen, Körperspannung, Gleichgewichts- und Orientierungsvermögen, Konzentration, Kraft, Dehnfähigkeit bestimmter Muskelgruppen, Präsenz im Raum, Darstellungsvermögen, bewusster Umgang mit dem Körper, „Langsamkeit" bei der Ausführung, ...

Natürlich kann man nicht im Rahmen der Zirkusübungsstunden alle diese Elemente systematisch und vollständig erarbeiten, wichtig ist jedoch bei der Arbeit mit Kindern und Jugendlichen, dass vor den eigentlichen akrobatischen Übungen sehr vielfältige Spiel- und Übungsformen zur Vorbereitung durchgeführt werden, die je nach Zeit und Schwerpunktsetzung einige der oben genannten Aspekte beinhalten.

Die von mir im Folgenden vorgestellten Vorübungen und Spiele sind besonders unter darstellerischen und gestalterischen Gesichtspunkten ausgewählt.

### 5.4.1 Vorbereitende Spiel- und Übungsformen

*Einstimmen/Kennenlernen/Zusammenspielen*
Der Zirkusdirektor erzählt eine Geschichte, die alle nachspielen, z.B.: „Es ist früh am Morgen, kuschlig warm im Bett, ..., plötzlich klingelt der Wecker, aufwachen, kalt waschen, ..., lustlos auf den Bus warten, Gedrängel im Bus, Platz finden (Kreissitzen auf Schoß), ..., in der Turnhalle ankommen, die Freunde begrüßen, Beziehungsgewirr entflechten (gordischer Knoten), auf Zirkusstunde freuen, erste akrobatische Vorübungen ausprobieren (nach Vorgabe des Leiters).

*Vertrauen*
✦ Paarweise, der eine führt die andere blind durch den Raum:
    a)    durch Berührung Finger-Finger oder Finger-Nase.
    b)    durch Geräusche (vorher einen Laut absprechen, bei Stille oder Unklarheit immer anhalten).
✦ Einer geht blind im flotten Schritt los, wird irgendwo im Raum durch eine Sperre, z.B. eine Matte oder ein Handtuch aufgehalten.

*Nachspielen der Geschichte des Zirkusdirektors: Busfahren*

*Lösen des gordischen Knotens*

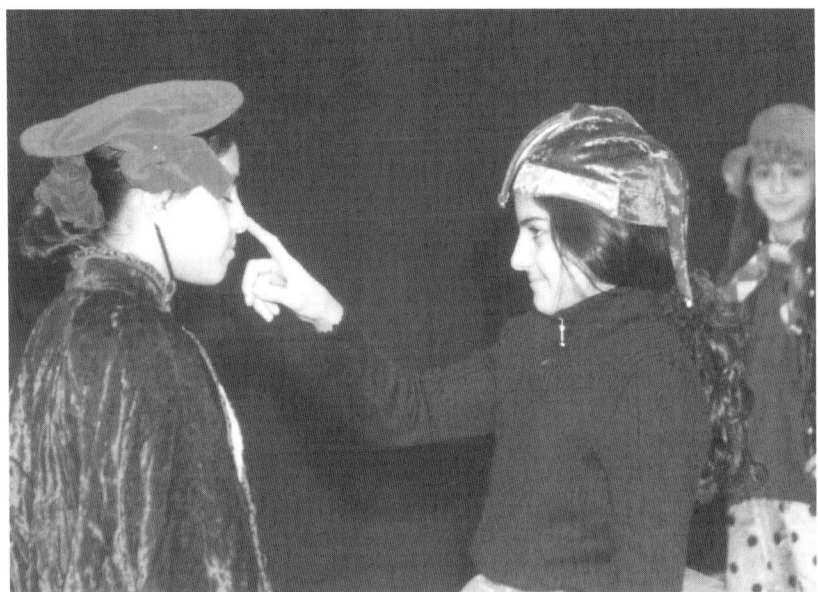

*Übungen zum Vertrauen*

✦ Alle gehen blind durch den Raum, zu rhythmischer Musik (z.B. afrikani-
sches Trommeln oder John Lords „Sarabande") finden sich nach und
nach alle, legen die Hände auf die Schultern des vorderen und gehen im
gemeinsamen Rhythmus weiter.

*Kraft*
Alle Übungen paarweise:

✦ Gegenüberstehen, die Hände fassen ineinander und „boxen".
✦ Wie eben, nur diesmal langsam mit ansteigender Kraft, nicht ruckartig,
den Partner versuchen, zu sich zu ziehen.
✦ Rücken an Rücken stehen und den Partner wegschieben.
✦ Wie eben, nur diesmal langsam einfach hin- und hergehen, sich hinset-
zen, aufstehen, ohne zu sprechen und sich festzuhalten.
✦ Im Liegestütz sich gegenüber, mit der eigenen Hand versuchen, auf die
Hand des Partners zu schlagen (nicht wegziehen, Verletzungsgefahr).

*Übungen zur Kraft*

*Paarweise eine Schaufensterpuppe „modellieren" (Übung zur Körperspannung)*

☞ *Körperspannung*
- ✦ Paarweise „eine Schaufensterpuppe modellieren".
- ✦ Paarweise „Marionette spielen".
- ✦ „Steifes Kind" im Kreis von ca. sechs Teilnehmern.
- ✦ „Todessprung" von kleinem Kasten in die ausgestreckten Arme von etwa acht sich gegenüberstehenden Teilnehmern (Matte trotzdem unterlegen!!).
- ✦ Mit Fallschirm oder verknotetem Tau im Kreis mit Großgruppe (10-30 Teilnehmer), alle halten den Fallschirm oder das Seil fest, verlagern alle gleichzeitig ihr Gewicht nach außen und strecken die Arme, dann gemeinsam hinsetzen und wieder aufstehen oder eine Hand lösen und nach außen strecken.

☞ *Dehnen*

Für bestimmte Paarakrobatikübungen im Liegen (z.B. den „Flieger" oder den „Sitz") ist eine gute Dehnfähigkeit der hinteren Oberschenkelmuskulatur notwendig. Die Dehnung kann funktional mit den gängigen Dehnübungen oder auch mit Hilfe einer akrobatischen Vorübung durchgeführt werden:

*Dehnübung zu zweit für das nachfolgende Akrobatikprogramm*

✦ Paarweise sich eng gegenüberstehen, an den Händen festhalten, langsam den ganzen gespannten Körper nach hinten legen, bis die Arme gestreckt sind, Gleichgewicht halten, vorsichtig absetzen, bis beide sitzen, dann langsam von jedem Partner einen Fuß gleichzeitig gegen den Druck des anderen in der Mitte nach oben strecken. Die Übung in gleicher Weise mit den anderen Füßen ausführen und in umgekehrter Weise bis zum Stand zurück.

### 5.4.2 Partner- und Gruppenakrobatik

Ich möchte mich hier im Wesentlichen nur auf die Beschreibung von ein paar elementaren und von uns sehr häufig aufgeführten Paar- und Gruppenübungen beschränken. Das „Buch der Bücher" zur „Akrobatik mit Kindern und Jugendlichen" ist das gleichnamige von Michael BLUME. Sehr viele gute Anregungen für Gruppen – leider sind aber auch einige sehr abwegige Übungen dabei – findet man bei FODERO und FURBLURS „Menschenpyramiden".

Reizvoll sind besonders für Kinder zum Einstieg in die Akrobatik immer Gruppennummern, wie z.B. die Sitz-, Löwen-, Fachwerk-, Liegestütz- und Galionspyramiden. Wichtig ist es aber, vorweg oder zumindest parallel dazu wichtigste Aspekte für den Pyramidenbau, wie z.B. Grundbegriffe, Kommandos, Sicherheitsstellungen und gemeinsame Regeln, bei Partnerübungen oder in kleineren Gruppen einzustudieren. Dabei sind die Kinder immer wieder auf die folgenden Aspekte hinzuweisen:

*Wichtige Aspekte beim Üben*
✦ Man muss sich vorher warm und „gelenkig" machen (dehnen).
✦ Die Übungen sollten barfuß oder mit weichen Gymnastikschuhen ausgeführt werden.
✦ Vor dem Aufbau genau absprechen, wer die Kommandos gibt und wer welche Position einnimmt. Als Kommando benutzen wir in der Regel ein „un-nd hepp" oder „un-nd ab".
✦ Bei fast allen Übungen liegt die Schwierigkeit im Auf- und Abbau. Dieser sollte konzentriert und fließend ausgeführt werden. Dabei sind ruckartige Bewegungen zu vermeiden, abgesehen von gleichzeitigen Impulsen. Es wird in der Regel genauso (langsam) auf- wie abgebaut. Bei unvorhersehbaren Problemen (Schmerzen, Unsicherheit u.ä.) sofort „ab" für Abbau rufen und diesen unverzüglich, aber nicht überhastet durchführen.

+ In der Endstellung (Präsentation) sollte man höchstens drei Sekunden verharren.
+ Eine angemessene Sicherheitsstellung ist unbedingt notwendig, indem insbesondere der Rücken und der Kopf der oberen Kinder gesichert wird. Als Unterlage werden in der Regel feste blaue Turnmatten benutzt.
+ Die Unteren sollten in der Regel die Kräftigeren sein und höchstens zwei, besser nur eine Person aufnehmen.
+ Besonders ist darauf zu achten, dass Muskeln, Gelenke und vor allem die Wirbelsäule nicht durch langes Halten sowie falsches Belasten und Heben übermäßig beansprucht werden.
+ Nach den Übungen sollte genügend Zeit zum Lockern und Entspannen bleiben.

☞ **a) Partnerübungen**

In diesem Abschnitt möchte ich der Einfachheit halber die unteren Personen mit U und die oberen mit O bezeichnen.

*0. Das Absetzen, Ablegen und Aufnehmen*
Bei Auftritten, insbesondere bei akrobatischen Darbietungen, ergeben sich häufig Situationen, in denen sich die Artisten auf den Boden setzen oder hinlegen müssen. Bei vielen Paar- oder Gruppenübungen, z.B. beim Flieger oder dem Bolg, muss eine untere Person U vor der Präsentation der Übung abgelegt werden. All dies kann in akrobatischer und sehr ästhetischer Weise geschehen. Dazu möchte ich am Anfang zwei Möglichkeiten vorstellen:

*a. Das gleichzeitige paarweise Absitzen*
Die Partner stehen sich mit dem Gesicht zugewandt sehr eng gegenüber, Füße parallel, fassen sich in einem sicheren Griff an beiden Händen an (am besten mit dem „Kleinen-Finger- oder dem Handgelenk-Handgelenk-Griff"), strecken die Arme, sodass ihre gestreckten Körper ein „V" bilden. Dann setzen sie sich gleichzeitig langsam ab, bis in den Sitz. Eine Hand wird vorsichtig gelöst und die Oberkörper mit nach oben gestreckter Hand zu den Zuschauern hin geöffnet. Das Aufstehen erfolgt in genau umgekehrter Reihenfolge.

*b. Das einarmige Ablegen*
Beide Partner stehen sich in leichter Schritt-Grätsch-Stellung eng gegenüber und fassen sich mit je einem angewinkelten Arm im Daumen-Daumen-Griff

*Das gleichzeitige paarweise Absitzen (oben) und das einarmige Ablegen (unten)*

*Das Denkmal/
der Stand auf dem Becken*

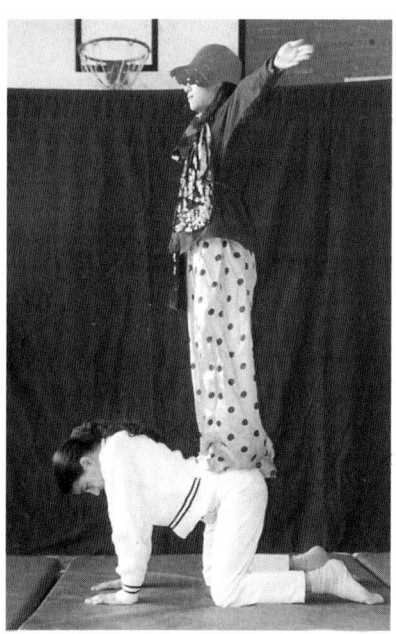

an. Der andere Arm wird zur Präsentation nach oben ausgestreckt. Wie beim paarweisen Absitzen wird nun das Körpergewicht nach hinten verlagert und die Beine gebeugt. Kurz vor dem Sitz gibt es eine Gewichtsverlagerung zu einem Partner, der nun abgesetzt und vom oberen Partner langsam nach hinten abgelegt wird. Erst dann wird der Handgriff gelöst und O steht gestreckt vor U. Das Aufheben erfolgt erneut in umgekehrter Reihenfolge.

*1. Das Denkmal/der Stand auf dem
    Becken*
U befindet sich in einer sicheren Bankstellung im Vierfüßlerstand. Dabei sollten Arme und Beine etwa schulterbreit auseinander stehen. O hält sich am Anfang mit beiden Händen an den Schultern von U fest und steigt vorsichtig und langsam mit dem ersten Fuß auf Us Becken (Achtung! Fuß genau setzen, nicht auf Weichteile oder die Wirbelsäule), setzt dann den zweiten Fuß nach. Erst wenn beide Füße sicher stehen, streckt sich O langsam, löst die Hände und richtet sich zum Stand auf.

Mit Hilfestellung von rechts oder/ und links (Fassen an den Händen) kann O auch direkt auf U steigen.

*2. Der Stuhl*
Beim ersten Üben sollte U sich beim Aufbau unterstützen lassen. Dazu sitzt U entweder auf einem Kasten

oder auf einer Person in der Bankstellung. O steht mit dem Gesicht zugewandt nahe an U. U fasst O unter die Ellbogen. O fasst in die Armbeugen
von U und setzt einen Fuß auf Us Oberschenkel.

Nach dem Kommando „un-nd hepp" steigt O, mit unterstützender Auf-
wärtsbewegung von U, auf, streckt die Beine und Arme und setzt vorsichtig
das zweite Bein auf den anderen Oberschenkel von U. Dabei verlagern beide
ihr Gewicht leicht nach hinten. Langsam gleiten nun beide Hände die Unter-
arme entlang bis zum sicheren Handgelenksgriff. U kann nun das Gewicht
leicht nach vorn verlagern, sodass sie frei steht. Zur Präsentation kann eine
Hand gelöst werden und wird nach hinten oben gestreckt.

*3. a. Der Flieger oder der Hecht*
U liegt auf dem Rücken und winkelt die Beine nach oben hin an, legt seine
Füße parallel zueinander an Os Hüftknochen. O steht dabei nahe am Po von
U. Bei den Anfangsübungen fassen sich zur Sicherheit beide an den Händen.
Später kann O auch seine Hände auf Us Füße legen. U beugt seine Beine, O
verlagert das Gewicht leicht nach vorn und in dem Moment, in dem O sein
Körpergewicht auf Us Beine abgibt, streckt U seine Beine senkrecht in die
Luft. O liegt waagerecht in der Luft, löst vorsichtig den Griff und streckt die
Arme zur Präsentation neben den Kör-
per nach hinten (nicht nach vorn, da O
sonst das Gleichgewicht verliert).

Der Abbau erfolgt in umgekehrter
Reihenfolge.

*3.b. Der Flieger rücklings oder das Brett*
Das Brett ist vergleichbar mit dem Flieger, erfordert aber mehr Mut und Körperspannung von O. Zudem sollte besonders hierbei der Kopf von O gesichert werden.

O steht bei dieser Übung rücklings
zu U. O setzt seine Füße direkt auf Us
Po, dessen Körper vollständig gespannt ist, also steif  wie ein Brett. O
umfasst Us Fußgelenke und O wird in
ähnlicher Weise in die Luft gehoben
und zurückgebracht wie beim Flieger.

*Der Stuhl – das Aufsteigen*

*Der Stuhl – mit und ohne Stütze*

*Der Flieger oder der Hecht*

### 4. Der Sitz

U liegt am Boden, die Beine sind angewinkelt. O steht rücklings, nahe am Po von U. U setzt ihre Füße V-förmig unterhalb des Pos von O auf deren hintere Oberschenkel. O fasst mit ihren Händen auf Us Füße. Auf ein Zeichen von U (Klaps an den Fuß, „un-nd hepp") springt O unter Streckung der Beine von U nach hinten oben auf die nun waagerechten Füße von U und umklammert deren Unterschenkel mit ihren Beinen. Erst wenn O sicher sitzt, kann sie die Hände lösen und zur Präsentation nach oben strecken. Der Abbau erfolgt in umgekehrter Richtung.

### 5. Der Bolg oder der Schulterstand

U liegt mit angewinkelten Beinen auf dem Rücken. Die Beine sind dabei schulterbreit geöffnet, Füße stabil am Boden. U hält seine Arme gestreckt nach oben, O steht zwischen Us Beinen, beugt sich langsam nach vorn in die

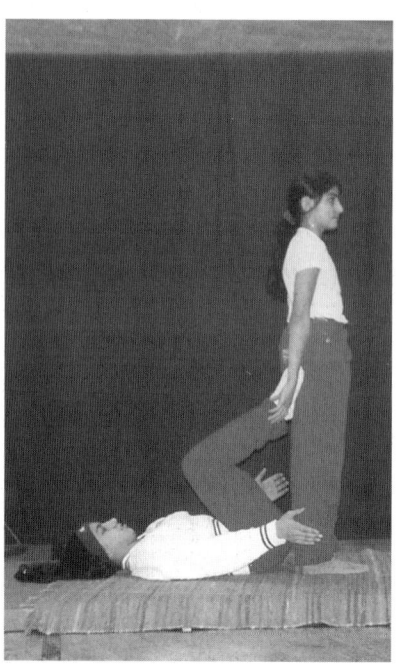

*Der Sitz*

Hände von U (Daumen angelegt!) und fasst dann mit seinen Händen auf Us Oberschenkel, nahe den Knien. Os Arme sind dabei gestreckt. Mit einem leichten Schwung (einige schaffen es auch langsam nur mit Muskelkraft) werden der Po von O und die Beine angewinkelt in die Luft gehoben. Das Gewicht von O verteilt sich möglichst gleichmäßig auf Us Arme und Beine. Erst wenn die angewinkelte Position stabil ist, streckt O die Beine nach oben und kann zur Präsentation noch ein Bein anwinkeln. Auch beim Bolg erfolgt der Abbau in umgekehrter Weise.

*Der Bolg oder der Schulterstand – Übungsabfolge*

*Der Bolg oder
der Schulterstand
in Perfektion*

## b) Gruppenpyramiden

Bei den Gruppenpyramiden haben neben der Präsentation der Endposition, auch die Abfolge beim Auf- und Abbau und die Dynamik dabei, eine wichtige Bedeutung. Am Anfang haben wir die Gruppenpyramiden meist bei sehr ruhiger Musik geübt und auch vorgestellt, später mit zum Teil sehr powervoller Musikbegleitung. Mit flotter Musik wird ein völlig anderer Effekt erzielt als bei ruhiger Musik.

Beim Auf- und Abbau haben wir uns meist für einfache und klare Formen entschieden, z.B. Aufstellen in einer Reihe vor dem Vorhang, auf ein verabredetes Zeichen treten die Unterleute vor und nehmen ihre Positionen ein, dann folgen die zweite bzw. die dritte Gruppe. Der Weg zum Aufbau erfolgt in der Regel dynamisch, der Auf- und Abbau selbst ruhig und konzentriert. Ruhige Musik beim anfänglichen Üben bringt Ruhe in die gesamte Gruppe, sodass konzentrierter und gefahrloser geübt wird.

Die folgenden Gruppenpyramiden sind von uns häufig vorgeführt worden. Der Auf- und Abbau erklärt sich in der Regel von selbst, sodass man sie anhand der Fotos unter Beachtung der obigen Hinweise einfach ausprobieren sollte.

*Die Sitzpyramide*

*Die Löwenpyramide*

*Die Fachwerk-
pyramide*

*Die Liegestütz-*
*pyramide*

*Die Gallions-*
*pyramide*

## 5.5 Zaubern

*„Habe nun ach, Philosophie, Juristerei und Medizin*
*und leider auch Theologie,*
*durchaus studiert, mit heißem Bemühen.*
*Hier steh' ich nun, ich armer Thor,*
*und bin so klug als wie zuvor, ...*

*...*

*es möcht' kein Hund so länger leben,*
*drum hab ich mich der Magie ergeben, ...*

Goethe, Faust I

Zauberei hat etwas Glänzendes, übt Faszination aus. Das Unglaubliche, das Magische am Geschehen, zieht die Zuschauer an. Zauberei ist aber auch, nüchtern betrachtet, die Fähigkeit, oder besser gesagt, die Kunst der Ablenkung.

Besonders die erste Seite spielt bei Kindern die entscheidende Rolle. Sie wollen sich verzaubern lassen. Zwar vermuten oder wissen sie, dass irgendwelche Tricks dahinter stecken und stellen Überlegungen an, wie der Trick funktionieren könnte. Doch die eigentliche Faszination liegt im Sich-Überraschen-Lassen, im Sich-Verblüffen-Lassen, im Nichtwissen. Und das ist das grundsätzliche Dilemma, wenn man mit Kindern Zaubertricks einüben will.

Es ist eine Gradwanderung, es erfordert viel Zeit und Sensibilität, Kindern (besondere) Trickgeheimnisse weiterzugeben, sie Geheimnisse erkennen zu lassen, sie dabei aber gleichzeitig der Faszination zu berauben und anschließend mit ihnen diese Zaubertricks in überzeugender Weise präsentieren zu wollen.

Bei der Zauberei mit Kindern gibt es daher ein paar grundsätzliche Dinge zu beachten: Man sollte selbst viel Erfahrung mit Zauberei haben, selbst viele kleine und auch ein paar große, besondere Tricks beherrschen.

Gerade am Anfang sollte man den Kindern viele kleine Zauberkunststücke vormachen und ihnen dabei das ungeschriebene Gesetz und die wesentlichen Grundregeln der Zauberei erläutern:

Niemals einen Zaubertrick verraten
und wenn man meint, einen Trick erkannt zu haben,
solange üben, bis man den Trick perfekt beherrscht.
Erst dann kann man ihn anderen vorführen.

Zudem sollten Kunststücke niemals sofort wiederholt werden,
man sollte nie ankündigen, was kommt,
lieber langsam, als zu schnell zaubern,
Handlungen nicht zu viel kommentieren,
wenn einmal etwas danebengeht,
die Sache überspielen und mit anderen Dingen weitermachen,
bei den Zaubertricks ins Publikum schauen und
rechtzeitig aufhören.

Beim ZIRKUS WILLIBALD sind wir bei der Einführung der Zauberei so vorgegangen, dass alle, auch die kleinsten Tricks, grundsätzlich nicht verraten wurden. Manchmal wurden die Kunststücke aber so präsentiert, dass die Kinder eine Idee vom Trick bekommen konnten und anschließend darüber redeten.

Erst nach mehreren Wochen und vielen kleinen Kunststücken, als eine Vertrauensbasis geschaffen war, wurden an die Schüler wirkliche Geheimnisse, z.B. von Großillusionen weitergegeben. Vorher wurden verbindliche Absprachen ( „Verträge") mit den Zauberschülern getroffen, die beinhalteten, dass jeder Trick geheim bleiben muss, auch vor Freunden, Klassenkameraden und Geschwistern.

Zudem haben wir darauf geachtet, dass die Gruppe der Eingeweihten bei den Großillusionen immer recht klein war.

In der gesamten Zeit, seit Bestehen des ZIRKUS WILLIBALD, ist noch kein einziges Geheimnis von den Schülern verraten worden.

### 5.5.1 Von Fingerfertigkeiten und kleinen Zaubertricks

Es gibt eine Unzahl von Fingerfertigkeiten und kleinen Zaubertricks. Die meisten davon sind jedoch nicht für Bühnen- oder Zirkusvorführungen geeignet, da der Abstand zum Publikum zu groß ist. Sie dienen im Rahmen des Kinderzirkus vor allem dazu, die Kinder für die Zauberei zu begeistern, ihnen gleichzeitig die Schwierigkeiten dieses Metiers zu verdeutlichen und sie langsam auf die richtigen Zaubertricks und die großen Illusionen vorzubereiten.

Das Zauberbuch schlechthin ist nach wie vor das „Handbuch der Magie" von Jochen ZMECK, in dem man alles über Zauberei erfahren kann.
Eine Sammlung interessanter Zauberkunststücke, nostalgische Erinnerungen und Kurzbiografien großer Magier findet man zudem in Alexander ADRIONS „Die Kunst zu zaubern".

Ich will mich hier auf einige Tricks aus verschiedenen Bereichen beschränken, die ich z.T. selbst entwickelt und in den letzten Jahren vielfach bei Kindern und Jugendlichen ausprobiert habe. Ich bitte jedoch darum, alle Tricks ohne Publikum, am besten vor einem Spiegel, sorgfältig zu üben und erst, wenn sie sicher beherrscht sind, vor Zuschauern auszuprobieren.

### ☞ Hand-und Fingerspiele

#### „O" und „L"
Mit Zeigefinger und Daumen einer Hand wird jeweils ein „O" gebildet, die drei restlichen Finger zeigen geschlossen und gestreckt nach oben.
Dann öffnen sich Zeigefinger und Daumen und strecken sich zu einem „L", die drei anderen Finger werden gleichzeitig gebeugt und krallen sich in die Handfläche. Das „O" und „L" wird zuerst langsam, dann immer schneller abwechselnd mit den Händen geformt.
Wer das mit beiden Händen gleichzeitig gut hinbekommt, kann dann probieren, mit der einen Hand ein „L" und mit der anderen Hand ein „O" zu formen und nun zu wechseln.

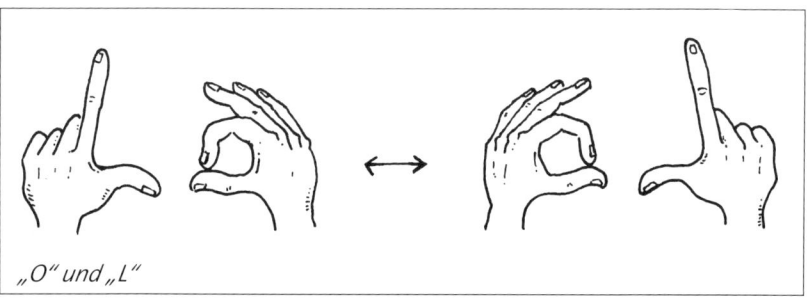

„O" und „L"

*Zwei Kugeln rotieren in einer Hand*
Man nimmt zwei gleich große Kugeln in die rechte Hand (am besten eignen sich Qigongkugeln aus Metall oder Stein) und versucht, diese beiden Kugeln in der Hand nur durch die Bewegung der Finger im Kreis laufen zu lassen.

*Zwei Kugeln rotieren in einer Hand*

Am einfachsten ist am Anfang der Lauf im Uhrzeigersinn, später kann man es auch gegen den Uhrzeigersinn probieren. Man fängt langsam an und versucht, möglichst eine Berührung der beiden Kugeln zu vermeiden. Irgendwann laufen die Kugeln geräuschlos und wie von selbst. Natürlich sollte man das Rotieren der Kugeln auch mit der anderen Hand üben.

*Ein Geldstück wandert über die Hand*
Man ballt eine Hand zu einer Faust und hält die Hand so, dass durch die untersten, längsten Fingerglieder eine etwa waagerechte Fläche entsteht. Zwischen Daumen und Zeigefinger hält man ein Geldstück (je nach Fingergröße einen Groschen, besser ein Ein-Mark- oder Zwei-Mark-Stück) und legt es dann auf dem untersten Zeigefingerglied ab.

Durch langsame Auf- und Abbewegungen von Zeigefinger und Mittelfinger und Unterstützung des Daumens, kippt das Geldstück nun zum untersten Glied des Mittelfingers und kommt dort zum Liegen. Durch weitere Auf- und Abbewegungen von Zeige-, Mittel- und Ringfinger kippt das Geldstück nun auf das untere Ringfingerglied. Durch ein geschicktes Bewegen des kleinen Fingers zieht man nun das Geldstück zwischen Ring- und kleinen Finger, greift von unten mit dem Daumen gegen das Geldstück, dieses kommt auf der Daumenkuppe zum Liegen, man zieht mit dem Daumen das Geldstück unter der leicht geöffneten Hand wieder zur Anfangsposition zurück und beginnt von neuem.

Nach langem Üben wird diese Bewegung immer flüssiger und das Geldstück wandert regelrecht über die unteren Fingerglieder. Wer dieses Kunststück gut beherrscht, kann das Gleiche einmal mit zwei Geldstücken auf einer Hand probieren (es geht tatsächlich).

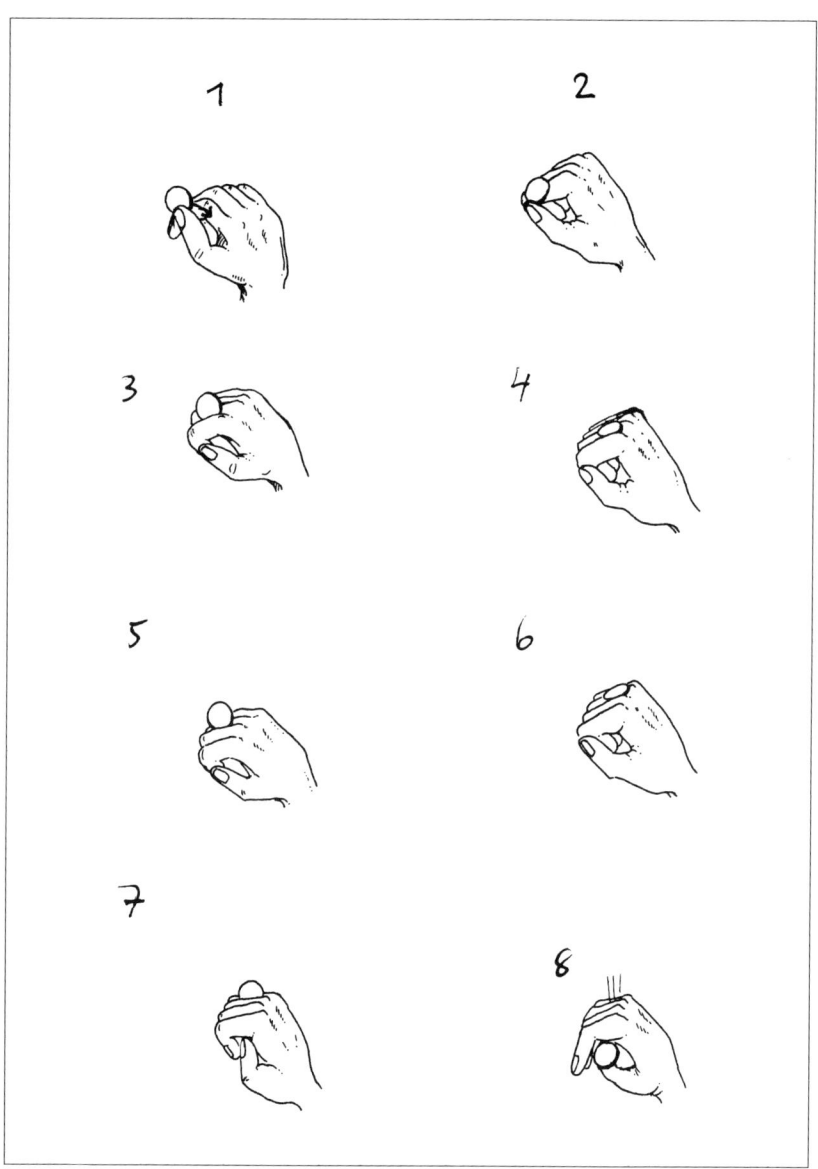

*Fingerübungen mit dem wandernden Geldstück*

## Lustige kleine Tricks

*„1+1 = 2"*
Man zeigt beide Hände, wobei die Hände zu Fäusten geballt sind, nur die beiden Zeigefinger sind nach oben gestreckt. Die beiden Hände werden ca. 30 cm auseinander gehalten. Man zählt nun laut: „eins und eins" und führt dabei die Hände langsam zusammen, wobei die gestreckten Zeigefinger sich berühren und wieder auseinander gehen.

Beim zweiten Zusammenkommen, eher ein schnelles Zusammenschlagen, beugt man den Zeigefinger der rechten Hand blitzschnell nach unten und streckt gleichzeitig den Mittelfinger der linken Hand nach oben und sagt laut „zwei".

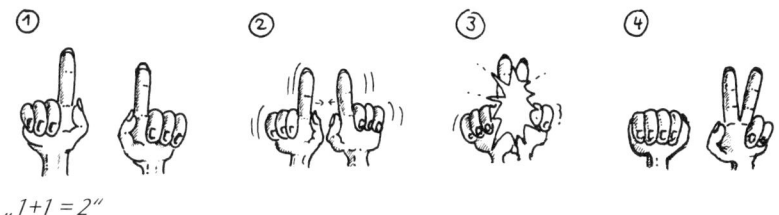

*„1+1 = 2"*

### Ein Streichholz hüpft
Man steht oder sitzt vor einem Tisch mit einer scharfen, festen Kante und hat zwei Streichhölzer. Das eine liegt etwa zur Hälfte auf dem Tisch, im rechten Winkel zur Tischkante. Das andere legt man parallel zur Tischkante direkt unter das erste. Dabei hält man es locker am rechten Ende in der rechten Hand zwischen Zeigefinger und Daumenkuppe, die beide nach oben zeigen und drückt gleichzeitig mit dem Fingernagel des Mittelfingers unauffällig gegen das Streichholz.

Durch ein wenig magische Spielerei, betont durch Auf- und Abbewegungen der linken Hand, erhöht man die Spannung. Durch einen leichten, unsichtbaren Druck des Nagels gegen das Streichholz entstehen kleine, nicht erkennbare Stöße (am besten vorher in Ruhe üben), die das obere Streichholz hüpfen oder sogar wegspringen lassen.

Wenn das noch nicht verwunderlich erscheint, lässt man die Zuschauer das Ganze selbst ausprobieren – und keiner bekommt es hin.

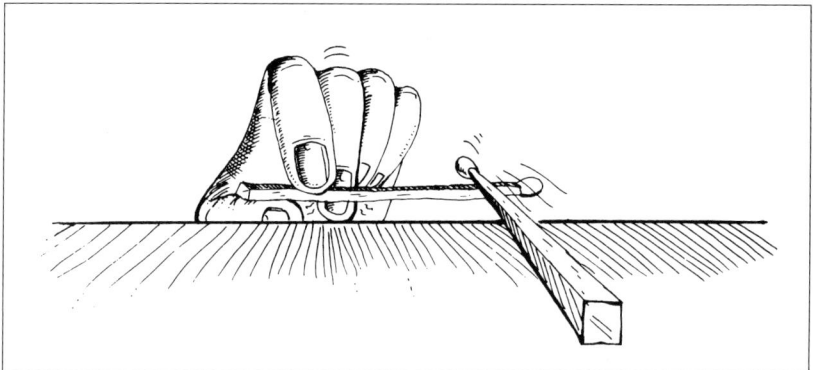

*Ein Streichholz hüpft*

**„Watch!"**
Manchmal ist es so, dass man wirklich nichts zum Zaubern dabeihat und trotzdem kann man vor Kindern oder Erwachsenen, die ein bisschen Englisch können, dann doch einen besonderen Trick vorführen:

Man erzählt, dass man den folgenden Trick in Amerika gesehen hätte und ihn deshalb in englischer Sprache vorzeigen möchte – und eigentlich braucht man nur ein oder zwei Worte zu kennen: „listen" oder noch besser „watch".

Man zeigt nun beide Hände leer vor, krempelt dabei auch noch die Ärmel nach oben. Dann nimmt man irgendein Tuch oder einen Schal oder etwas Ähnliches und legt es über die nach oben gestreckte linke Hand, sodass der gesamte Unterarm verdeckt ist. Mit der rechten Hand, die man nochmals leer vorzeigt, fasst man nun auch unter das Tuch, es dauert ein paar Sekunden, dann kommt die rechte Hand wieder zum Vorschein, leer, und zieht das Tuch von der linken Hand nach oben weg. Dabei sagt man „watch" und tatsächlich, die linke Hand hält eine Armbanduhr (die natürlich schon vorher am linken Handgelenk war, aber niemand hatte darauf geachtet, dann von der rechten Hand unter dem Tuch gelöst und in die linke Hand übergeben wurde).

**Das Kaninchen aus dem Hut**
Höhepunkt und Abschluss jeder kleinen Zaubershow ist „das Kaninchen aus dem Hut". Dazu hat man einen Hut, den man leer vorzeigt und sagt den Zu-

schauern, dass man nun das Kaninchen herzaubern möchte. Aber nur unter einer Bedingung: Es muss dabei absolute Ruhe herrschen. Falls dies nicht der Fall sein sollte, könne man für nichts garantieren.

Nun nimmt man mit der einen Hand den Hut vor das Gesicht und beobachtet mit den Augen, die über die Kante hinwegschauen, die Zuschauer. Die andere Hand „sucht" im Hut das Kaninchen.

In der Regel ist es nun mucksmäuschenstill. Man schaut immer noch in die wartenden Zuschauer, solange, bis irgendwann einmal ein Geräusch zu vernehmen ist – und das passiert immer. Dann nimmt man den Hut vom Gesicht weg und sagt, dass wohl etwas schief gegangen sein müsse, da jemand dieses Geräusch gemacht hätte. Plötzlich fangen alle an zu lachen, denn alle sehen nun, was schief gelaufen ist.

Der Zauberer hat selbst Hasenzähne im Mund, die er sich heimlich mit der anderen Hand hinter der Deckung des Hutes in den Mund gesteckt hat (Die Hasenzähne kann man in jedem Spielwarenladen kaufen.). Bei kleinen Kindern ist es ratsam, zu betonen, dass dies schon häufiger passiert sei und man einen Zahnarzt in der Nähe kenne, der das Problem schnell wieder beheben könne.

## Kleine Zaubereien

### Knoten in Seil/Ring in Tuch

Man nimmt ein etwa 50 cm langes, leicht fallendes (Zauber-) Seil, hält es durch die rechte Hand verdeckt (palmiert) so, dass ca. fünf cm des Seils oben herausschauen. Nun nimmt man das untere Ende mit der linken Hand und legt es in die rechte, sodass auch von diesem Ende genauso viel oben zu sehen ist.

Ein magischer Blick, ein leichtes Pusten oder ein Zauberspruch, dann lässt man „das" Ende wieder fallen – und, zur Überraschung der Zuschauer, ist ein Knoten im Seil.

Der war natürlich schon vorher drin, nur hat ihn am oberen Ende des Seils niemand gesehen, denn er war durch die rechte Hand palmiert. Beim Reinlegen des unteren Endes wurde mit dem Daumen der rechten, gedeckt durch die linke Hand, einfach unauffällig das andere Ende gefasst und beim Fallenlassen nun das vorher verdeckte obere Ende mit dem schon vorhandenen Knoten fallen gelassen.

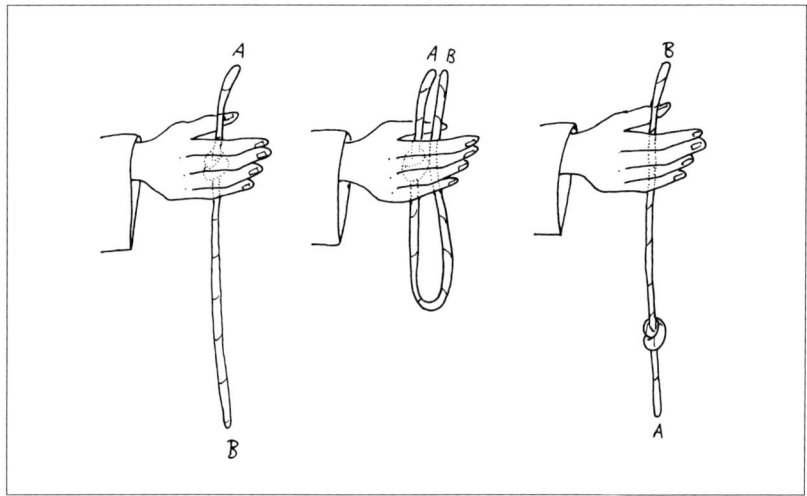

*Knoten im Seil*

Eine ähnliche Variante kann man mit einem leichten Seidentuch und einem (Gardinen-) Ring vorführen. Dazu wird ein zweiter Ring benötigt, der vorher an einem Ende des Seidentuches verknotet wurde.

Natürlich kann man die Tricks auch wieder in umgekehrter Richtung vorführen.

### Zwei Bierdeckel

Man benötigt zwei gleiche Bierdeckel, die aber auf den jeweiligen beiden Seiten auffällig verschieden sind (z.b. eine Seite ein Bild, die andere nur ein Name oder innen rot, außen blau, auch mit Buntpapier beklebt).

Man hat nun in beiden Händen, leicht gehalten vom ersten Fingerglied des Daumens und den ersten Fingergliedern der anderen vier Finger, je einen der Bierdeckel, zeigt diese, indem man die Hände ein- und ausdreht, von beiden Seiten und betont mehrmals dabei den Unterschied, z.B. „innen rot, außen blau".

Dann nimmt man beide Bierdeckel sehr eng, mit maximal 1 cm Abstand, zusammen in Brusthöhe. Magische Blicke, ein leichtes Pusten, ein gleichmäßiges Auf und Ab der Hände, erhöhen die Spannung, bevor man nun etwas schneller die Hände nach oben, bis über den Kopf auseinander nimmt und langsam zurückführt, mit dem überraschenden Ergebnis, dass nun innen blau und außen rot ist.

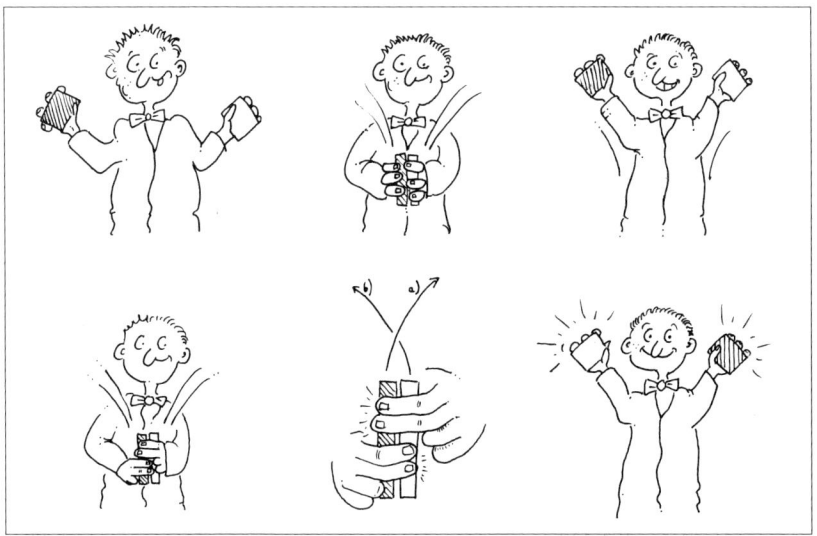

*Zwei Bierdeckel*

Man kann erstaunlicherweise diesen Vorgang, wenn man ihn gut beherrscht, durchaus mehrmals und auch relativ langsam vorführen, ohne dass der Trick sofort durchschaut wird.

Wichtig dabei ist nur, dass man möglichst von der Seite keine Zuschauer hat, denn die würden am ehesten erkennen, dass man beim engen Zusammenbringen der Deckel mit den Fingerkuppen der rechten Hand den linken und mit den Fingerkuppen der linken Hand den rechten Bierdeckel greift und schon unten beim Hochziehen, den jeweils anderen Deckel mitzieht, die Deckel also vertauscht, wodurch der Farbenwechsel entsteht.

### Fingerhut
Man zeigt einen Fingerhut auf dem rechten ausgestreckten Zeigefinger, ansonsten ist die Hand locker zur Faust geballt. Der Zeigefinger wird nun unter den linken Arm geführt und der Fingerhut dort scheinbar abgestreift und

unter dem Arm eingeklemmt. Der Zeigefinger wird wieder vorgezeigt, der Fingerhut ist verschwunden (alle denken, er ist unter dem linken Arm).

Jetzt wird der ausgestreckte Zeigefinger hinter den Hals und nach zwei Sekunden wieder nach vorn geführt – und – der Fingerhut steckt wieder auf dem Zeigefinger.

*Wo ist der Fingerhut?*

Die Erklärung ist einfach, denn entweder man hat einen zweiten, gleichen Fingerhut vorher in seinen Kragen gesteckt, aber das wäre zu plump.

Nein, besser ist es, beim Führen des Zeigefingers unter den linken Arm, den Finger zu beugen und den Fingerhut in die rechte Faust zu stecken, also dort zu palmieren. Von dort kann er, wenn man ihn geschickt in die Faust steckt, sehr schnell hinter dem Hals aufgesteckt und wieder vorgezeigt werden.

### 5.5.2 Mentalmagie

#### Kehrzahl

Auf einen Zettel oder die Rückseite einer Tafel soll ein Kind eine dreistellige natürliche Zahl mit unterschiedlichen Ziffern aufschreiben, z.B. 418. Dann soll die Kehrzahl gebildet werden, also 814. Die Kleinere der beiden Zahlen soll von der Größeren abgezogen (814 – 418 = 396) und dazu anschließend die neue Kehrzahl addiert werden (396 + 693 = 1089).

Ohne zu wissen, welche Zahlen die Kinder aufgeschrieben haben, kann der Zauberkünstler sofort das Endergebnis der Rechnung sagen (wenn die Kinder richtig gerechnet haben!).

Man probiere diesen kleinen Trick mit drei oder vier verschiedenen Zahlen und wird sehen, dass immer das gleiche Ergebnis herauskommt.

*Addition von fünf großen Zahlen*

An einer Tafel werden nacheinander fünf fünfstellige oder auch sechsstellige Zahlen in scheinbar loser Folge im Wechsel von den Kindern und dem Zauberer angeschrieben, z.B.:

| | | |
|---|---|---|
| 1. Kind: | | 3 4 1 4 2 |
| 2. Kind: | | 3 7 9 3 1 |
| Zauberer: | | 6 2 0 6 8 |
| 3. Kind: | | 7 4 3 1 6 |
| Zauberer: | | 2 5 6 8 3 |

Der Zauberer behauptet nun, er könne innerhalb von fünf Sekunden alle Zahlen zusammenaddieren und das Ergebnis hinschreiben. Und tatsächlich, die Kinder zählen laut bis fünf, das richtige Ergebnis steht unter den fünf Zahlen.

◆◆◆  2 3 4 1 4 0  ◆◆◆

Die Lösung ist einfach. Zur Vorführung braucht man jedoch ein wenig Erfahrung und einen klaren Kopf.

Addiert man die zweite und die dritte Zahl, ergibt sich 9 9. 9 9 9 und auch bei der Summe der 4. und 5. Zahl kommt dasselbe Ergebnis heraus. Als guter Rechner weiß man, dass  $2 \times 99.999 = 200.000 - 2$ ergibt.

Also braucht man sich nur, wenn man vorher beim Aufschreiben die richtigen Zahlen unauffällig hingeschrieben hat, die erste Zahl anzuschauen, bei seinem Ergebnis vorne eine 2 hinzufügen  und bei der letzten Zahl 2 abziehen. Viel Glück!

## Allgemeine Magie

*Wo ist das Tuch?*

Ein ca. 25 x 25 cm großes rotes Seidentuch wird mit der rechten Hand gezeigt und anschließend deutlich vor den Augen der Zuschauer in die linke hintere Hosentasche gesteckt. Nun wird ein wenig von der Kunst der Zauberei erzählt, dabei die leeren Hemdsärmel gezeigt und darauf verwiesen, dass ein Zauberer immer einen klaren Kopf haben muss.

„Doch, wo war ich stehen geblieben?", „Beim roten Tuch, dass du in deine Hosentasche gesteckt hast", kommt meist als Antwort von den Kindern. Der Zauberer überlegt, ob es wirklich in der Hosentasche war, und sucht ungläubig in dieser und anderen Taschen nach.

Nein, es war nicht in der hinteren Hosentasche. Er zieht es mit der linken Hand aus der rechten Innentasche seines Jacketts.

Vor allem Kinder werfen ein, er sei gar kein richtiger Zauberer, er habe einfach ein zweites Tuch dort versteckt. Doch bevor weiterdiskutiert wird, zeigt der Zauberer seine rechte geballte Faust und steckt das Tuch dort mit der linken Hand hinein. Ein paar magische Blicke in die Runde, vielleicht ein wenig Zaubersalz auf die Faust – und mit der linken Hand wird aus der Faust ein Ei herausgeholt und vorgezeigt.

In der Regel ist die Verblüffung groß. Das Ei wird wieder weggesteckt und das Tuch – natürlich aus der hinteren Hosentasche – erneut hervorgeholt.

Natürlich ist, wie die Kinder vermuten, ein zweites Tuch im Spiel, eines, das vorher in der rechten Jackettinnentasche versteckt wurde. Dieser einleitende Teil des Trickablaufs dient aber nur zur Ablenkung für den eigentlichen Trick.

Während der Zauberer nämlich das Tuch sucht und dabei mit beiden Händen in verschiedene Taschen greift, nimmt er, während er mit der linken Hand das zweite rote Tuch herauszieht, gleichzeitig mit der rechten Hand unauffällig das in der rechten Jackettaußentasche versteckte Ei in die Faust und palmiert es.

Das Ei ist ein Plastikei, das man in Spielwarenläden kaufen kann und in das mit einer Schere oder einem Messer ein daumengroßes Loch hineingeschnitten wird.

Im letzten Teil des Tricks wird das Tuch vollständig in das Ei gesteckt und beim Vorzeigen des Eies dieses so gehalten, dass die Öffnung, für die Zuschauer nicht sichtbar, nach hinten zeigt.

Für diesen Trickablauf, in Fachkreisen auch „Routine" genannt, gibt es viele andere Möglichkeiten, die Profizauberer verwenden, um diesen häufig gezeigten Trick immer wieder zur Verblüffung der Zuschauer vorzuführen und dabei das ewige „den kenn' ich schon, der geht so und so, ..." aufzugreifen und die Vermutungen zu widerlegen.

### Ball durch das Tuch

Der Zauberer hält mit Zeigefinger und Daumen der rechten Hand ein etwa 40 x 40 cm großes rotes Seidentuch am oberen Zipfel, in der linken Hand eine Kugel mit dem Durchmesser von ca. 3 cm, und zeigt beides dem Publikum. Tuch und Kugel können auch den Zuschauern zur Überprüfung ausgehändigt werden.

Dann wird das Tuch so über die rechte Faust gelegt, dass diese vollkommen bedeckt ist. Der rechte Daumen und Zeigefinger bilden dabei eine Art Brunnenrand, auf den nun die Kugel mit der linken Hand gelegt wird.
Die Faust wird leicht geöffnet und die Kugel langsam mit dem Tuch in die Faust von oben mit dem Zeigefinger der linken Hand geschoben, bis sie vollkommen in der rechten Faust verschwindet.

Noch einmal wird mit dem Zeigefinger der linken Hand nachgedrückt und zum Erstaunen aller, fällt die Kugel durch das Tuch und die Faust nach unten, wird dort von der linken Hand wieder aufgefangen und den Zuschauern gezeigt.

Ein Loch im Tuch kann nicht vorhanden sein – es wurde ja vorgezeigt bzw. sogar untersucht. Viele vermuten also, dass eine zweite Kugel im Spiel ist. Die Zuschauer sollen ruhig daran glauben.

Nun wird die Kugel auf den ausgestreckten Fingerspitzen der linken Hand wieder unter das Tuch geführt und von unten, unter dem Schutz des Tuches, in die Faust gesteckt. Langsam, wie zu erwarten war, erscheint die Kugel wieder oben auf der Faust und dem Tuch und wird mit Zeigefinger und Daumen der linken Hand wieder abgenommen und gezeigt.

Das Tuch bleibt noch einen Augenblick auf der rechten Faust liegen – viele Zuschauer vermuten weiterhin eine zweite Kugel unter dem Tuch. Diese Vermutung erweist sich als falsch, wenn man einfach mit der rechten Hand das Tuch in die Luft wirft und wieder auffängt – keine zweite Kugel, kein Loch oder Ähnliches ist zu sehen.

Natürlich ist eine zweite, gleiche Kugel im Spiel. Sie wird am Anfang in der rechten Hand palmiert, aber das muss geübt sein! Während die erste Kugel im Tuch verschwindet, fällt die zweite unten durch.

Die Hauptablenkung kommt beim Zurückstecken der Kugel von unten. Hierbei wird nämlich nicht die Kugel in die rechte Faust gesteckt, sondern fällt, vom Tuch gedeckt, von den Fingerspitzen in die linke Hand und wird dort von den drei kleinen Fingern palmiert – gerade diese Palmage muss sehr gut funktionieren, sonst wird sie sehr schnell zur Blamage. Zeigefinger und Daumen sind frei, um die erste Kugel wieder abzunehmen.

Bevor dieser Trick vorgeführt wird, sollte er auf alle Fälle vor dem Spiegel intensiv geübt werden, sodass der Vorführende besonders die beiden Palmagen perfekt beherrscht.

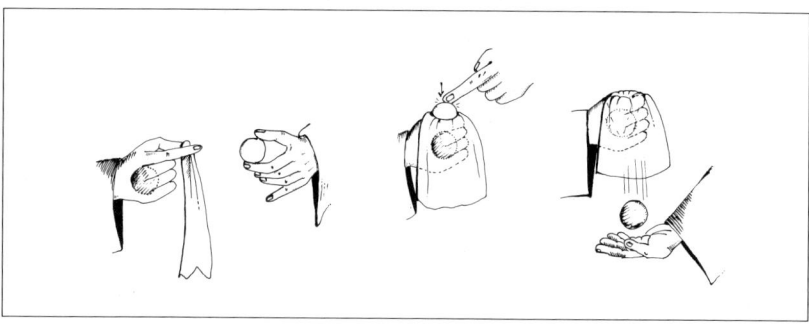

*Ball durch das Tuch*

### Die große Tücherproduktion
Auf einem Tisch steht ein kleiner, selbst gebastelter Pappkasten, ein Quader, mit den Maßen 20 x 20 x 30 cm. Eine Pappe als Deckel liegt locker oben auf. Der Deckel wird zur Seite gelegt, der Quader hochgehoben und den Zuschauern gezeigt. Er hat keinen Boden, die Vorderseite ist durch eine Anordnung kleiner, ausgeschnittener Ovale oder Kreise durchsichtig, innen ist er schwarz.

Auf dem Tisch ist nun eine helle, zylinderförmige Röhre zu sehen (Durchmesser 18 cm und Höhe 30 cm), die vorher im Kasten steckte und fast vollständig verdeckt war.

Der Quader wird wieder über die Röhre gestellt und nun die Röhre heraus-genommen und vorgezeigt. Auch sie ist leer. Durch die ausgeschnittenen Ovale oder Kreise kann man in den Kasten schauen. Auch hier ist nichts zu sehen.

Nun wird die Röhre in den Kasten zurückgestellt und ein Tuch, am besten ein Chiffontuch, das auch beim Jonglieren benutzt wird, von oben in die Röhre hineingelegt.
Ein magischer Blick, ein Zauberspruch, ein bisschen Zaubersalz und schon kann die Tücherproduktion beginnen: Aus dem einen Tuch werden viele, viele Tücher, nach und nach holt der Zauberer immer mehr, zehn, zwanzig, ja sogar dreißig Tücher und mehr, entweder an einem Faden ver-bunden oder frei aus dem Zylinder.

Der Trick an dieser Produktion liegt in einer für den Zuschauer verdeckten zweiten, etwas kleineren Röhre, die mit den vielen Tüchern gefüllt ist und in der ersten Röhre steht. Da die zweite, kleinere Röhre außen auch schwarz ist, ist nach dem Herausziehen der ersten Röhre für den Zuschauer nichts Unge-wöhnliches zu erkennen, die Zuschauer „sehen" den scheinbar leeren Qua-der.

Dieser Trick kann auch nach einigem Üben von einem oder zwei Kindern vorgeführt werden. Insbesondere kann man ihn auch als Einleitung zu einer Gruppentuchjonglage verwenden. Dann kommen einfach nach und nach die Jonglierkinder und ziehen zum Erstaunen der Zuschauer immer mehr Tücher aus dem Zylinder.

### 5.5.3 Tricks mit Kindern in der Manege

#### Schuss durch die Tüte
„Spiel mir das Lied vom Tod" läuft im Hintergrund. Nach und nach treten vier Cowboys in die Manege. Einer hat eine undurchsichtige Plastiktüte, die er umgedreht und damit als leer vorzeigt. Ein anderer hat ein festes Blatt Pa-pier.
Das Blatt wird vor den Augen aller Zuschauer in die Tüte gesteckt. Ein Dritter muss die Tüte über seinen Kopf halten, er zittert, hat Angst, denn ein „Scharfschütze" kommt herein, zielt mit einer Art Pistole auf die Tüte und – es knallt (im Hintergrund wird ein Luftballon zerplatzt). Alle schauen ge-spannt auf die Tüte. Nichts ist zu sehen.

Die beiden Cowboys vom Anfang nehmen die Tüte, der eine holt das Blatt Papier hervor und zeigt es dem Publikum – durchschossen, mit einem großen, für alle sichtbaren Loch in der Mitte. Der andere dreht wieder die Tüte herum, sie scheint weiter leer zu sein.

Bei diesem Trick kommt es besonders auf die darstellerische Leistung der Mitwirkenden an. Je besser sie die „gefährliche" Situation spielen, umso glaubwürdiger ist der Trick.

Er funktioniert so, dass in der undurchsichtigen Tüte ein zweites Blatt mit dem Loch versteckt ist. Beim Herumdrehen der Tüte muss darauf geachtet werden, dass man mit Daumen und Zeigefinger auch das Blatt in der Tüte mit festhält. Beim Herausnehmen muss man natürlich das Blatt mit dem Loch ziehen.

*Schuss durch die Tüte*

☞ **Der Apfel unter dem Hut**

Ein „ernsthafter" Zauberer oder Clown oder auch der Zirkusdirektor möchte einen Trick mit einem Hut und einem Apfel zeigen, im Hintergrund läuft lustige Clownsmusik. Dazu legt er einen Hut mit der Krempe nach unten auf einen Stuhl, hebt ihn nochmals hoch, nichts ist darunter.

Nun holt er einen Apfel aus seiner Tasche, zeigt ihn dem Publikum. Dabei kommt ein kleiner Clown in die Manege und möchte den Apfel haben. Aber nein, der „ernsthafte" Zauberer benötigt diesen für seinen Trick. Er legt ihn unter den Hut. Nun will er mit der Zauberei beginnen, doch der kleine Clown hebt den Hut hoch und klaut sich den Apfel, zum Entsetzen des „ernsthaften" Zauberers.

Doch wer ein „ernsthafter" Zauberer ist, weiß sich zu helfen. Ein kreisender Zauberstab über dem Hut und ein kluger Zauberspruch folgen, der Hut wird hochgehoben und tatsächlich, ein Apfel liegt auf dem Stuhl unter dem Hut. Dem kleinen Clown bleibt vor Schreck der Bissen im Halse stecken und er rennt weg. Der „ernsthafte" Zauberer aber genießt das Erstaunen der Zuschauer und beißt genüsslich in den hergezauberten Apfel, denn er hat ja gerade sein Können bewiesen.

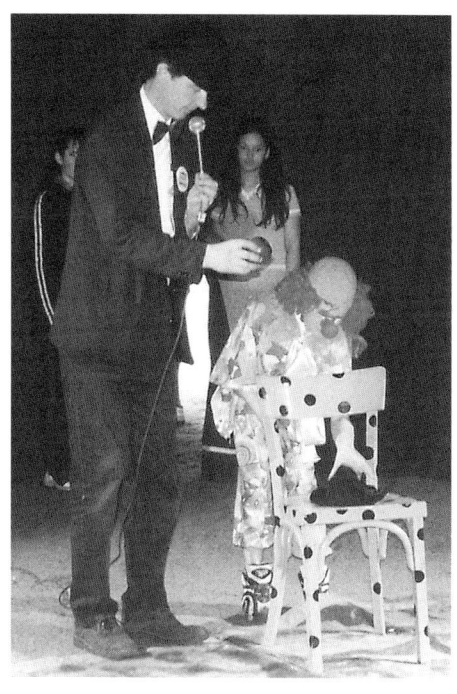

*Auftritt des Clowns:*
*Der Apfel unter dem Hut*

Auch hier liegt der Trick unter dem Hut versteckt, denn dort befindet sich schon die ganze Zeit ein zweiter Apfel, der nur beim Aufheben des Hutes immer mitgegriffen wird. Beim Hochheben und Ablegen ist darauf zu achten, dass der Hut immer nach vorn unten gehalten wird, sodass der Apfel nicht sichtbar wird.

### Das Glas unter dem Zylinder   ☞❶
Zwei kleine Clowns betreten die Manege. Der eine behauptet, er könne ein Glas Apfelsaft, das er unter einen Zylinder stellt, austrinken, ohne den Zylinder hochzuheben. Der andere Clown glaubt das selbstverständlich nicht.

Der kleine Clown nimmt also ein Glas Apfelsaft, stellt es auf einen Stuhl und setzt den Zylinder darüber, sodass das Glas verdeckt ist. Nun nimmt er einen

Zauberstab (sehr gut eignen sich durchsichtige Plastikstäbe mit einer Wasserfüllung) und tut so, als ob er durch den Zylinder hindurch das Glas austrinkt. Als er fertig ist, sagt er dem zweiten Clown, dass das Glas ausgetrunken ist.

Der glaubt es nicht, muss aber nachschauen, um dem kleinen Clown das Gegenteil zu beweisen. Also hebt er den Zylinder hoch und – das Glas ist noch voll. Doch genau in diesem Augenblick nimmt der kleine Clown das Glas und trinkt es in einem Zug aus. Der andere Clown schaut verdutzt zu und um auch dem Letzten nochmals seine anfängliche Behauptung und deren Durchführung vor Augen zu führen, sagt der kleine Clown abschließend: „Siehst du, wie ich es gesagt hatte, ich habe das Glas ausgetrunken, ohne den Zylinder hochzuheben." Ein wenig verärgert darüber, dass der Kleine ihn hereingelegt hat, läuft der andere Clown in der Manege noch hinter dem Kleinen her.

### 5.5.4 Großillusionen mit Kindern

☞ *Kiste mit Schwertern*
Eine stabile Holzkiste mit den Maßen etwa von 80 x 80 x 80 cm$^3$ (abhängig von der Größe der Kinder) sowie elf oder fünfzehn ca. 100 cm lange Holzstäbe, sind die Voraussetzungen für diese erste einfache und doch beeindruckende Illusion mit Kindern.

Ein Tisch mit der Kiste wird in die Manege getragen, orientalische Musik läuft im Hintergrund. Ein Mädchen steigt von oben in die Kiste hinein, die nun mit einem Deckel von oben verschlossen wird.
Jetzt kommen nacheinander fünfzehn „Schwertträger" herein, die die einzelnen Holzstäbe, die durch silberne Farbe und einen Knauf zu scharfen „Schwertern" wurden, in einer vorher festgelegten Reihenfolge vorsichtig nacheinander in die vorgebohrten Löcher an den Seiten und dem Deckel stechen. Alles kann von den Zuschauern genau beobachtet werden, fünf Schwerter von vorn, die hinten herauskommen, fünf von der Seite, die auf der gegenüberliegenden Seite wieder zu sehen sind und schließlich fünf von oben, die bis zum Boden durchstechen – und ein Mädchen in der Kiste. Es gibt nun zwei Möglichkeiten, die Illusion zu beenden:
Die „normale" Variante besteht darin, die Stäbe nacheinander wieder vorsichtig herauszuziehen, den Deckel zu öffnen und das Mädchen steigt wohl behalten aus der Kiste heraus.

Eine zweite, nicht immer praktizierbare, aber noch verblüffendere Variante ist die, dass die Kiste mit den Schwertern verschlossen bleibt, das Licht ausgeht und nach zwei Sekunden durch den Vorhang das Mädchen erscheint.

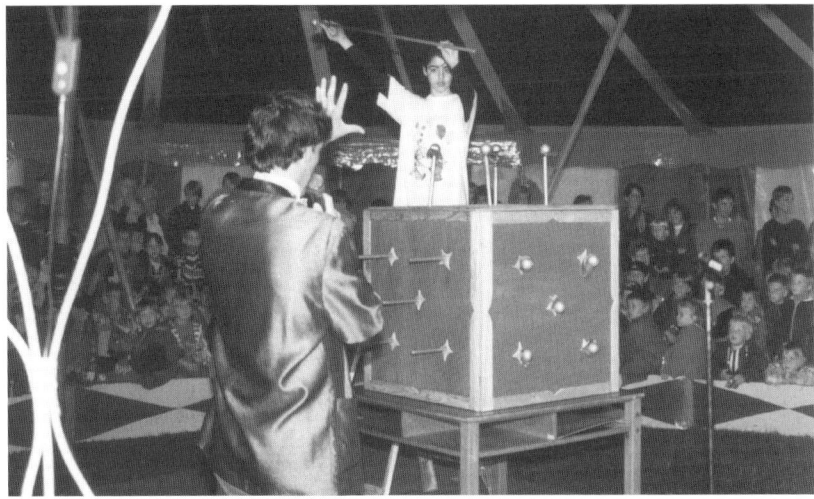

*Zaubertrick in der Schwerterkiste*

### Wie ist das alles möglich?

Die „normale" Variante muss man einfach ausprobieren und so unglaublich es erscheint, es ist tatsächlich genügend Platz zwischen all den Stäben für ein mutiges und ein wenig gelenkiges Mädchen.

Man sollte bei den Proben aber am Anfang den Deckel (halb) geöffnet lassen, sodass bei jedem Schwert die neue Position gesehen und auch gegebenenfalls verändert werden kann. Zudem sollten nur Kinder in die Kiste steigen, die dies auch gern selbst ausprobieren wollen. Außerdem sollten möglichst alle Schwertträger einmal in der Kiste gewesen sein, dann wissen sie nämlich, wie vorsichtig man die Schwerter in die Kiste stechen muss und werden dies auch immer sehr gewissenhaft tun.

Die zweite, verblüffendere Variante kann man dann machen, wenn man vor einem fremden Publikum spielt und vor allem ein Zwillingspaar in der Zirkusgruppe hat.

☞ *Selim oder der „Traum vom Fliegen"*
Für diese Schwebeillusion kann man einen Sprungkasten aus der Turnhalle und ein undurchsichtiges Schwungtuch verwenden.

Im Hintergrund ist meditative Musik zu hören, der Kasten, am besten seitlich mit Tüchern verkleidet, wird in die Manege geschoben, der Deckel abgehoben und neben den Kasten als Treppenstufe gelegt. Selim, mit leicht verklärtem Blick, folgt und steigt in den Kasten. Zum ersten Teil des Gedichts „Traum vom Fliegen" von Karl Kraus wird er scheinbar in Hypnose versetzt und sinkt in den Kasten. Andere Kinder legen das Schwungtuch über den Kasten.

*Traum vom Fliegen*

*„Und wieder mir träumte du wärest geflogen,*
*und diesmal war es doch sicherlich wahr,*
*denn du hattest so leicht wie die Luft ja gewogen*
*und es ging wie im Flug im beherztesten Bogen*
*hoch über der schwergewichtigen Schar*
*es war keine Täuschung, du warst nicht betrogen,*
*es flogen die Stunden, die Tage, das Jahr ..."*

Karl Kraus

Die Musik wird ausgeblendet. Zur neuen Musik „I Believe I Can Fly" hebt sich langsam das Schwungtuch, die Umrisse des Kopfes, des Körpers, der Arme, die am Körper anliegen und der lang gestreckten Beine und der Füße sind zu sehen.

Selim schwebt waagerecht etwa 30 cm über dem Kasten, kann sich sogar in der Luft um ca. 90° nach rechts oder links drehen, sodass sich die Beine außerhalb des Kastens befinden. Langsam sinkt Selim wieder zurück in den Kasten, die Musik wird ausgeblendet, das Schwungtuch weggenommen und die anfangs gespielte meditative Musik ist wieder zu hören.

Zu Karl Kraus' zweitem Gedichtsteil steht Selim noch schlafwandelnd auf und steigt, ohne scheinbar zu wissen, was in der Zwischenzeit geschehen ist, wieder aus dem Kasten heraus.

„ ... mit fliegenden Hoffnungen vollgesogen,
so wachst du mit müderen Gliedern auf,
zu Lande ist Leben und angelogen,
vom leichtesten Trug an der Nase gezogen,
da liegst du, da liegen die Lügen zuhauf,
und trotzdem bleibst du dem Traume bewogen,
so lebt er sich leichter, der Lebenslauf."

Karl Kraus

Natürlich kann Selim nicht schweben, aber für die Zuschauer sieht es, wenn es gut gemacht wird, so aus.

Selim benutzt, um den Schwebeeffekt zu erzielen, zwei im Kasten versteckte „künstliche Beine". Diese bestehen aus zwei ca. 60 cm langen Holzlatten mit Griffen für die Hände und senkrecht nach oben angebrachten, ca. 20 cm langen Holzstücken am unteren Ende, auf die ein Paar alte Turnschuhe aufgesteckt werden. Auch die Beine kann man mit Tüchern o.ä. noch ein bisschen abpolstern, sodass die Umrisse der Knie und Unterschenkel natürlicher wirken.

Die „künstlichen Beine" dürfen jedoch nicht zu schwer sein, denn es entsteht ein enormes Gewicht durch das waagerechte gestreckte Hochhalten der „Beine" und durch den Zug des Schwungtuchs. Selim muss bei der Präsentation darauf achten, dass er den Kopf in den Nacken nimmt und gleichzeitig Kopf, Arme und Beine möglichst in einer waagerechten Linie hält. Die ganz Vorführung sollte nicht zu lange dauern, da sie sonst zu anstrengend würde.

*Selims „Traum vom Fliegen"*

Auf die letzten drei Illusionen, „Zauberkiste", „Zauberkäfig" und „Zauberschrank", möchte ich nur gespannt machen, ich werde die Illusionen und die Vorführungen dazu deshalb nur darstellen. Ich werde nicht die jeweiligen Geheimnisse verraten.

Es wäre schade, wenn die langwierige Planung und Vorbereitung, der wochenlange Bau der Geräte und das intensive Üben der Kinder hier durch ein paar Worte zunichte gemacht würde. Wer sich ernsthaft um eine solche Illusion bemüht, um sie selbst mit seinen Zirkuskindern vorzuführen, wird in den entsprechenden Zauberbüchern oder bei Zauberbuchverlagen die notwendigen Informationen erhalten. Natürlich kann man sich auch an mich wenden.

Sinnvoller ist es jedoch, neben dem Genuss und der Freude bei einer gelungenen Vorführung genau hinzuschauen, zu kombinieren und anschließend selbst auszuprobieren. Genau das haben wir nämlich bei unseren Illusionen getan. Denn jeder gekaufte oder „geklaute" Plan oder eine bestimmte „Routine" birgt Tücken in sich, ist in der Regel nicht direkt zu kopieren oder auf jeden Kinderzirkus übertragbar.

☞ *Zauberkiste*

> *„Ich weiß, es wird einmal ein Wunder gescheh'n*
> *und ich weiß, dass wir uns wiederseh'n."*

Zarah Leander

Zu Zarah Leanders Stimme tanzt Helene, ein Mädchen mit langen, blonden Haaren, in die Manege und zeigt dann mit ausgestreckter Hand zum Vorhang. Zu Ravels „Bolero" wird anschließend von vier anderen Mädchen die „Zauberkiste" in die Manege hineingeschoben. Es handelt sich bei der Kiste um eine schwarze, massive Holzkiste auf Rollen mit den Ausmaßen 90 x 60 x 75 cm.

Die Kiste wird von allen Seiten gezeigt, der Deckel geöffnet, ein Sack vom Boden aufgehoben und Helene steigt über einen Stuhl in den Sack, in die Kiste hinein.

Ravels „Bolero" begleitet weiterhin die Zaubermädchen. Nun werden von den Assistentinnen noch Helenes Hände mit einem Seil fest verbunden. Dann setzt sie sich auf den Boden und der Sack wird über ihr ebenfalls fest verschnürt. Der Deckel wird zugeklappt und mit Schlössern und einer Kette, die rund um die Kiste verläuft, verriegelt.

Nun kommen weitere Assistentinnen und bringen ein großes, rechteckiges Lattengestell herein, auf dem ein großer Vorhang aufgerollt ist. Dieses Lattengestell wird über der Kiste festgehalten.

Fulya, ein Mädchen mit kurzen, schwarzen Haaren, steigt nun über das Gestell auf den Deckel der Kiste. Die Assistentinnen entrollen den großen, undurchsichtigen Vorhang, indem sie das Gestell waagerecht nach oben zu Fulya reichen. Fulya übernimmt das Gestell und hält es mit ausgestreckten Armen über ihren Kopf, der herunterfallende Vorhang verdeckt sie und die Zauberkiste von allen Seiten vollständig.

Noch einmal blickt die schwarzhaarige Fulya kurz über den Rand des Gestells, streckt dann wieder ihre Arme nach oben. Im gleichen Augenblick ändert sich die Musik, es kommt wieder die anfängliche Zarah Leander, diesmal mit dem Ende des Liedes.

> *„... und darum wird einmal ein Wunder gescheh'n*
> *und ich weiß, dass wir uns wiederseh'n."*

Keine drei Sekunden sind vergangen, das Gestell senkt sich und nicht mehr Fulya, sondern die blonde Helene aus der Kiste steht obenauf, hält den Vorhang und lässt ihn zur Musik langsam nach unten sinken. Fulya ist spurlos verschwunden. Die Assistentinnen übernehmen das Gestell und Helene steigt von der Kiste.

Zu einer neuen spannenden Musik wird diese geöffnet. Der Sack ist verknotet, er wird geöffnet und Fulya steht mit fest zusammengebundenen Händen auf. Der Knoten wird gelöst und Fulya steigt aus der Kiste.

### Zauberkäfig

Bekannt wurde diese Großillusion durch Emil Kio, der mit seiner Zaubershow im Rahmen des russischen Staatszirkus seit dem Ende der 60er Jahre durch die Welt zog. Damals fand ein Austausch von einer Frau mit einem Löwen statt. In ähnlicher Weise wird dieser Trick von verschiedenen Magiern heute noch präsentiert, ich selbst habe ihn life im Zirkus Sarrasani gesehen. Uns war die Nummer mit dem Löwen jedoch ein bisschen zu gefährlich, sodass wir uns für folgende veränderte Form entschieden haben:

*Die Zauberkiste*

Zu lockerer Jazzmusik wird ein großer Tisch von vier Jungen in die Manege getragen. Darauf wird ein pyramidenförmiges Käfiggestell mit einer Tür aufgesetzt.

Ein kleiner, bunter Clown kommt hinzu, neckt die Helfer und wird aus der Manege verjagt. Um auf den Tisch in den Käfig steigen zu können, wird noch eine kleine Treppe hereingebracht und an den Tisch geschoben, sodass nun Enzo durch die Tür in den Käfig steigen kann. Die Tür wird mit einem Schloss verriegelt und ein großer, undurchsichtiger Fallschirm über den Käfig gezogen.

*Der Clown im Zauberkäfig*

Der Käfig ist vollkommen verdeckt, der Fallschirm reicht jedoch nur bis zur Tischkante, sodass die Zuschauer unter dem Tisch durchsehen können.

Die Musik wird gewechselt, ein paar Mädchen führen dazu einen kleinen Tanz auf, der mit einer Präsentation der Arme zum Käfig endet. Es sind vielleicht zwanzig oder dreißig Sekunden vergangen, der Fallschirm wird weggezogen und der kleine, bunte Clown steht im Käfig, Enzo ist spurlos verschwunden.

## Zauberschrank

Es ist nicht leicht, für einen Kinderzirkus passende Großillusionen zu finden. Sie müssen auf das Kinderprogramm abgestimmt sein, dürfen also keine Angst erzeugenden Elemente in sich bergen und müssen natürlich auch im Rahmen der begrenzten personellen, finanziellen und organisatorischen Mittel durchführbar sein. Dabei darf das Trickgeheimnis nicht gelüftet werden und der Trick muss seine Faszination behalten. Von daher ist es immer etwas fragwürdig, ob man einen Klassiker (einmal abgesehen vom Namen), wie z.B. „Die zersägte Jungfrau", in einem Kinderprogramm zeigen sollte.

Einen ähnlichen Trick, „Cut the Lady", hatte ich schon vor Jahren im Auge, denn er wirkt nicht so gefährlich und ist auch von Kindern umsetzbar. Zudem sah ich mich lange nicht in der Lage, einen solchen Trick zu finanzieren.

Erst durch eine großzügige Spende und das Interesse und Engagement eines befreundeten Handwerkers konnte der Zauberschrank realisiert werden.

Ein schmaler, etwa 55 x 55 cm und 1,80 m hoher blauer und mit Silbersternen verzierter Schrank wird auf Rollen in die Manege zu ruhiger, aber spannungsgeladener Musik gefahren und von allen Seiten gezeigt. Die Tür wird geöffnet, innen ist der Schrank schwarz gestrichen, aber es ist nichts Auffälliges zu erkennen. In der Tür und an der Rückwand sind je drei über die ganze Breite führende Spalten zu erkennen.

Nun kommen drei Jungen, die große, breite und massive Schwerter tragen und diese auch dem Publikum von nahem zeigen. Anschließend stellt sich ein Mädchen, Sabrina, dem Publikum vor.

Ihr werden die Hände auf dem Rücken fest verbunden, sie wird in den Schrank geführt und dort mit einer Kette um den Hals in Kopfhöhe festgekettet. Die Kette wird durch Löcher in den Seitenwänden nach außen geführt und für jeden sichtbar mit zwei Schlössern außen verschlossen. Die Tür wird zugemacht und ebenfalls verriegelt. In Kopfhöhe ist ein kleines Guckfensterchen, das geöffnet wird. Das Gesicht von Sabrina ist zu sehen, sie lächelt freundlich. Das Fensterchen wird wieder geschlossen.

Nun kommt das erste breite Schwert, das vorsichtig, auf der gesamten Breite, in die mittlere Spalte der Tür eingeführt wird und in der gleichen Höhe an der Rückwand wieder erscheint.

Wenn der Trick einmal in seiner schwierigsten Variante vorgeführt werden sollte, soll an dieser Stelle nochmals das kleine Fensterchen geöffnet werden und Sabrinas Gesicht zu sehen sein. Bis jetzt führen wir den Trick in vereinfachter Form vor, bei der das Fensterchen geschlossen bleibt.

Nun wird das zweite und schließlich auch das dritte Schwert in gleicher Weise zur ruhigen Musik eingeführt. Der Schrank wird dabei mehrmals gedreht und ist so für alle Zuschauer von allen Seiten sichtbar.

Zu einer flotten Musik werden nun die Schwerter nacheinander schnell wieder herausgezogen, das Fensterchen geöffnet und – Sabrina lächelt wie am Anfang den Zuschauern zu. Die Tür wird geöffnet, die Kette am Hals gelöst und schließlich werrden noch die Handfesseln entfernt. Sabrina steigt völlig unbeschadet aus dem Zauberschrank.

*„Bei meiner Zeit beim Zirkus Willibald habe ich eine Zauberkiste vorgeführt und als Herr Kelber mir und meiner Partnerin den Trick erklärte, habe ich gesehen, wie kompliziert so etwas eigentlich in echt ist und dass man keine Zaubereien oder Tricks verraten soll, denn dann macht Zirkus keinen Spaß."*

(Fatime, 18 Jahre, Schülerin der Abschlussklasse, im März 1999)

*Der Zauberschrank*

*Sabina im Zauberschrank*

## 5.6 Clownerie

*„Es steht ein Clown am Bühnenrand*
*mit einer Art Nachttopf in der Hand.*
*Da kommt ein Frager mit einer Frage,*
*warum er den Nachttopf bei sich trage.*
*Da beugt sich der Clown ganz vorsichtig vor*
*und flüstert dem Frager leise ins Ohr:*
*‚Ich habe Angst, es gibt bald nichts mehr zu lachen,*
*dann will ich mir nicht in die Hose machen'.“*

Frei nach einem großen deutschen Dichter

„Jeder Tag, an dem du nicht lächelst, ist ein verlorener Tag", sagte einst Charlie Chaplin und Bernhard Paul mit seinem Circus Roncalli hat sich diesen Spruch zum Motto gemacht und ihn auf seine Plakate geschrieben. Mit „Pic" hatte er im Circus Roncalli einen der besten romantischen und sensibelsten Clowns, die ich je gesehen habe.

Mit der auch heute noch in unzähligen Variationen dargebotenen Geschichte „Bienchen, Bienchen, gib mir Honig", ist Bernhard Paul selbst Vorbild für viele Clownsnummern in Kinderzirkussen geworden.

*Clown bei einer Zaubernummer*

Clowns sind Bilder von uns selbst und bieten viele Möglichkeiten, uns mit ihnen, ihren Unzulänglichkeiten, ihren Freuden und ihrem Pech zu identifizieren.

Deshalb wollen fast alle Kinder gerne Clowns spielen. Sie wollen selbst lachen und andere zum Lachen bringen. Das lustige, meist ungewöhnliche Aussehen, das Unkonventionelle, die Hemmungslosigkeit, die Direktheit der Clowns, reizt sie besonders.

*Clowns in vielen Variationen ...*

Doch stehen sie in der Manege, merken viele sehr schnell, wie schwierig es ist, das, was man im Kopf hat, was man darstellen möchte, auch dem Publikum zu vermitteln.

Besonders Kinder als Publikum sind dabei sehr anspruchsvoll, sehen sehr genau, wann etwas authentisch ist, wann eine Szene ehrlich, d.h. mit dem damit verbundenen Gefühl, gespielt wird.

Manche Kinder haben dieses Talent, von Anfang an ihre Gefühle offen in der Manege zu zeigen, sich in die Rolle hineinzuversetzen und übertragen dann automatisch das Lachen und Weinen, die Gefühle des Clowns, auf die Zuschauer. Bei diesen Kindern ist es im Rahmen eines Kinderzirkus dann auch nicht vorrangig wichtig, bestimmte Techniken einzustudieren, wie z.B. zu stolpern oder vom Stuhl zu fallen.

Das Wichtigste in Bezug auf Clownerie beim Kinderzirkus ist, diese Talente zu erkennen, den Clown, der in den Kindern steckt, sich entwickeln zu lassen und ihnen angemessene Nummern und Rollen anzubieten und auszuprobieren zu lassen.

*Nur ein Clown oder der ganze Zirkus?*
*(Frei nach einer Vorlage von Larry Kettle-*
*kamp)*

„Kreativität bedeutet, Dinge auf den Kopf zu stellen und sie von der anderen Seite zu sehen. Dann kann ich Wege gehen, die ich mir sonst nicht gestatte."

Anja Köster, Leiterin der Personalentwicklung in einem großen Konzern

Ein sehr schönes und umfassendes Buch zum Thema gibt es von Maja HASENBECK mit dem Titel „Wir sind die Clowns". Von Gedanken zum Thema, über Clownstechniken, bis hin zu Szenenvorschlägen kann man hier vielfältige Anregungen bekommen.

Ich möchte mich im Folgenden auf die Darstellung von ein paar Programmnummern beschränken, die bei uns von mehreren Kindern mit

*Die Clowntruppe des ZIRKUS WILLIBALD*

sehr unterschiedlichen Ausprägungen gespielt wurden. Einige Szenen sind in Zusammenarbeit mit dem Unterrichtsfach „Darstellendes Spiel" entstanden bzw. weiterentwickelt worden. Im Kapitel 5.10 „Darstellen und Gestalten" gebe ich noch Anregungen zu vorbereitenden Spielformen.

☞ Clownszenen

### Die Mutprobe
Ein Stuhl wird in der Manege vor eine Leiter gestellt. Aus dem Publikum wird ein mutiger Junge gesucht. Meist melden sich viele, sodass ein großer, kräftiger Junge, am besten mit einem großen Mundwerk, ausgewählt wird und sich auf den Stuhl setzen darf.

Nun kommt Aydin, unser kleiner Clown, mit einer Schüssel voll Wasser in die Manege und macht deutlich, dass er die Schüssel von oben von der Leiter auf den mutigen Jungen ausschütten möchte. Dem mutigen Jungen wird schon ganz mulmig. Doch bevor Aydin die Leiter erreicht, stolpert er und vergießt das Wasser am Boden.

Er geht hinter den Vorhang und holt eine zweite Schüssel, ist wieder kurz vor der Leiter – und rutscht diesmal in der Pfütze aus – das Wasser ist wieder vergossen. Ein dritter Versuch wird gestartet. Diesmal ist Aydin ganz vorsichtig, geht von der anderen Seite zur Leiter, steigt auf, hält die Schüssel über den mutigen Jungen, dem es nun noch mulmiger wird, und schüttet die Schüssel über dem Jungen aus. Nur diesmal war nicht Wasser, sondern Konfetti in der Schüssel.

### Die Pferdedressur
Fabian, der Clown, hat einen Zylinder auf und eine Pferdepeitsche in der Hand. Er stellt, für jeden erkennbar, einen Pferdedresseur dar. Mit der Peitsche knallt er ein paar Mal geschickt in der Manege.

Er sucht sich nun einen Erwachsenen aus dem Publikum, bittet ihn in die Manege, zieht ihm den Zylinder auf und zeigt nochmals das Knallen der Peitsche, was der neue Pferdedresseur nachmachen soll. Gelingt es ihm, bekommt er einen kräftigen Applaus vom Publikum.
Eine zweite, dritte und gegebenenfalls auch vierte erwachsene Person wird in die Manege geholt und in ähnlicher Weise angeleitet (besonders gut eignen sich für diese Rolle Schulleiter, Bürgermeister u.ä. Honoratioren).

Nun aber nimmt der kleine Clown wieder den Zylinder auf seinen Kopf, eine flotte Zirkuspferdemusik wird aufgelegt und alle Erwachsenen, die bisher glaubten, sie seien Dresseure, agieren nun zum Peitschengeknalle des kleinen Clowns als Pferde, die zur Musik in der Manege ihre kleine Pferdedressur vorführen. Die Verwunderung der Akteure und das Lachen der Zuschauer ist bei dieser Nummer sicher.

Hinterher bedankt sich der kleine Clown bei den „Pferden" natürlich mit einem Stück Zucker.

### Der Streit um den Stuhl

Jan bringt einen Stuhl in die Manege, setzt sich darauf und beginnt, in Ruhe eine Zeitung zu lesen. Deniz kommt hinzu, will sich auch auf den Stuhl setzen, überlegt kurz, tippt Jan auf die Schulter und sagt ihm, dass ihn sein Freund dahinten gerufen hätte. Jan steht auf, legt die Zeitung auf den Stuhl und sucht seinen Freund. Deniz setzt sich genüsslich auf den Stuhl und blättert in der Zeitung.

Jan hat schließlich erkannt, dass Deniz ihn hereingelegt hat, kommt zurück, ist wütend, reißt ihn vom Stuhl und eine erste „Prügelei" beginnt.

Unterdessen schlendert Ilker in die Manege, sieht den leeren Stuhl, setzt sich darauf und beginnt, ebenfalls in der Zeitung zu blättern. Mahmut kommt hinzu und behauptet, dass das seine Zeitung wäre. Der zweite Streit beginnt.

Und so geht es weiter, bis sich schließlich zehn bis vierzehn Jungen geschickt „prügeln". Die Schlag- und Falltechniken dazu wurden lange mit den Jungen vorher geübt, sodass sich dabei keiner im Geringsten weh tun kann und es zudem nicht ernst, sondern eher lustig aussieht.

Jetzt kommt die kleine Katrin und setzt sich auf den Stuhl. Ein Junge nach dem anderen sieht das, bis schließlich alle Jungen die Prügelei beenden, sich hilflos dieser Situation gegenübersehen und die Sinnlosigkeit ihrer Prügelei erkennen.

Abgeschlossen wird diese kleine Szene damit, dass jeder der „harten Burschen" von einem Blumenmädchen  eine Rose bekommt und diese liebevoll an Katrin weitergibt.

*Der Streit um den Stuhl und die Versöhnung*

*„Hau ruck, hau ruck!"*
Ein sechs bis sieben Meter langes Tau liegt in der Manege und geht bis hinter den Manegenvorhang. Acht bis zehn Kinder, die in der Manege gerade eine Jongliernummer beendet haben, sehen das Tau und fangen an, gemeinsam daran zu ziehen. Einer gibt den Rhythmus vor: „Hau ruck, hau ruck, hau ruck!" Das Tau scheint von einer starken Person hinter dem Vorhang gehalten zu werden.

Die Kinder probieren es weiter mit „und eins und zwei und drei". Bei „und drei" wird das Seil hinter dem Vorhang losgelassen und alle Kinder, die daran gezogen haben, fallen überrascht (aber doch eingeübt und geschickt) seitlich nach hinten in die Manege und sind gespannt, wer das Tau mit solcher Kraft hinter dem Vorhang halten konnte.

Zur Überraschung aller ist es Hülya, das kleinste Mädchen des Zirkus, das selbstbewusst und mit ihren Muskeln spielend, in die Manege tritt.

*Das stärkste Kind*
Zu Vangelis' „Conquest of Paradise" findet ein Wettbewerb im Heben eines scheinbar sehr schweren Gewichtes statt. Dazu wird von sechs bis acht „starken Jungen" ein aus Schaumstoff hergestelltes und silbern angemaltes, großes Gewicht unter dem Einsatz aller Kräfte in die Manege getragen.

Zum Wettbewerb stellen sich drei stark aussehende Kinder: Andre, der Kraftmensch, der seine Bizeps mit Luftballons verstärkt hat, Denny, der sportliche Modellathlet und Christian, der sogar Ketten sprengen kann.

Unter den Anfeuerungsrufen der Zuschauer versucht einer nach dem anderen, das Gewicht zu heben, doch trotz äußerster Bemühungen, scheitern alle.

Am Ende bricht Christian sogar unter dem Gewicht zusammen. Wie soll nun das Gewicht von Christian entfernt werden?

Da kommt die kleine Hülya wieder in die Manege und nur mit einer Hand stemmt sie locker das Gewicht in die Höhe und trägt es aus der Manege. Christian wird von den anderen Gewichtträgern aus der Manege herausgetragen.

*Hülya, das stärkste Kind*

### Der große „Ahh" und die kleine „Ohh"

Über die gesamte Zirkusvorstellung verteilt, kommen in den Übergängen oder Pausen drei bis vier Mal die beiden Clowns, der große „Ahh" und die „Ohh", mit immer neuen Überraschungen in die Manege. Als Erkennungs- und Hintergrundmusik läuft jeweils die gleiche lustige Clownsmusik.

**1. Szene:** „Ahh" kommt ganz stolz in die Manege und macht normale Seifenblasen. Nach kurzer Zeit folgt zurückhaltend „Ohh" und bläst riesengroße Seifenblasen in die Luft. „Ahh" zieht sich genervt zurück.

**2. Szene:** „Ahh" kommt in die Manege, diesmal sicher, dass er etwas Besonderes vorzeigen kann, und produziert auf einer Pfeife viele Seifenblasen auf einmal. Wieder kommt die kleine „Ohh" kurze Zeit später und wirbelt mit einer Seifenblasenmaschine Hunderte von Seifenblasen in die Manege. Der große „Ahh" zieht wieder enttäuscht ab.

**3. Szene:** Groß „Ahh" ist begeistert von sich und zeigt ein paar einfache Jonglierkünste mit drei Bällen. Klein „Ohh" kommt mit einem Diabolo, wirft es fast bis zur Zeltdecke, fängt es sicher auf, dreht sich dabei, lässt es wie auf einem Trampolin mehrmals hochdoppen, ja sogar von unten nach oben am Seil hochlaufen – und das alles völlig ruhig und gelassen. „Ahh" verlässt fast verzweifelt die Manege.

In diesen oder ähnlichen Formen, je nach den Ideen und Fähigkeiten der beiden Clowns, könnte es nun immer so weitergehen. Mit einer abschießenden Szene, die sich direkt an die dritte anschließen kann, kann man auch das Spiel beenden.

**Abschlussszene:** „Ahh" steht mit seinen drei Bällen traurig in der Manege. „Ohh" kommt hinzu und bedauert ihn ein wenig. Sie tippt ihn von der Seite an und deutet auf die Bälle. Nun stellt sie sich eng links neben ihn und nimmt einen Ball in ihre linke Hand. „Ahh" hat die anderen beiden Bälle in seiner rechten und wirft den Ersten rüber zu „Ohhs" linker Hand – und schon jonglieren sie gemeinsam, zwar erst langsam und vorsichtig, dann immer besser und lustvoller.

## 5.7 Minitrampolin

*„Nur Fliegen ist schöner."*

In der Manege sind in der Pause ein Minitrampolin, ein dekorierter Querkasten und eine Weichbodenmatte aufgebaut worden.

Jetzt ertönt anregende, dynamische Zirkusmusik, das Licht wird aufgeblendet, der Vorhang geöffnet und in kurzen Abständen laufen zehn bis fünfzehn bunt verkleidete Mädchen und Jungen hintereinander flott zur Musik in die Manege, springen vom Trampolin verstärkt auf und über den Kasten, präsentieren, machen kleine Späße und laufen zurück hinter den Vorhang, um mit neuen artistischen Kunststücken aufzuwarten. Unauffällig steht ein Helfer in der Nähe des Kastens.

Die Dynamik und die von den Schülern gezeigten Sprünge ziehen das Publikum mit, insbesondere die Kinder. Es wird zur Musik kräftig geklatscht und die Stimmung bei Artisten und Zuschauern ist gleich zu Beginn des zweiten Teils der Vorführung auf dem Höhepunkt.

Doch das, was hier so unbeschwert und leicht vorgeführt wird, wurde lange, mit Konzentration und in kleinen Schritten in vielen Sport- und Zirkusstunden und besonders nochmals bei der Generalprobe, geübt.

Nicht nur Zirkuskinder sind hochmotiviert, wenn das Minitrampolin zum Springen aufgebaut wird, doch sind besonders hierbei Verhaltens- und Sicherheitsregeln zu beachten, die das Risiko von Verletzungen für die Beteiligten minimieren.

Ein Leitfaden hierzu wurde deshalb von Hardi FRENGER und Dieter PEPER über den Bundesverband der Unfallversicherungsträger herausgegeben, mit dem Titel, „Springen mit dem Minitrampolin". Das Heft ist für alle zu empfehlen, die dieses tolle Gerät auch und insbesondere in der Zirkusarbeit verwenden wollen.

*Großer Aufrtritt im Zirkus Roncalli*

Darüber hinaus ist eine langjährige Erfahrung mit dem Gerät wichtig und sind Fortbildungen im Rahmen der Lehrerbildung oder über die Turn- und Sportverbände zwingend notwendig.

Ich möchte mich an dieser Stelle auf einige wesentliche methodische Bemerkungen sowie auf die Darstellung von ein paar besonderen Aspekten bei Vorführungen beschränken.

### Methodisches Vorgehen in den Übungsstunden

Jede Stunde muss mit geeigneten Aufwärmübungen beginnen, wie Laufen, Dehnen, beidbeinige Absprünge u.ä.m. Dazu sollten vor allem vielfältige Spielformen benutzt werden (z.B. Lauf- und Fangspiele mit Hindernissen).

Daran sollten sich vorbereitende Übungen ohne Gerät anschließen, die die notwendigen Voraussetzungen und Grunderfahrungen schaffen. Dazu gehören Anlauf- und Rhythmusschulung, diverse beidbeinige Sprungformen, Körperspannungs- sowie vielfältige Lande- und Fallübungen mit entsprechenden Sicherheits- und Hilfestellungen.

Erst dann sollten die Sprünge mit dem Minitrampolin durchgeführt werden. Zuerst ist das Minitrampolin und der gesamte Aufbau auf mögliche Sicherheitsmängel zu überprüfen. In der Regel sollte der Betreuer die ersten einfachen Probesprünge selbst ausführen.

Bei den Sprüngen der Kinder ist immer eine geschulte Person zur Sicherung neben dem Kasten postiert. Die Springer stehen in einer Linie in nicht zu weitem Abstand vor dem Gerät (ca. 7-8 m). Die Schüler dürfen erst loslaufen, wenn der Betreuer am Kasten ein Zeichen gibt oder der vorhergehende Springer die Matte verlassen hat. Der Rückläufer soll nicht die Anlaufbahn kreuzen.

Bei den Sprüngen mit dem Minitramp haben wir folgende Vorgehensweise gewählt:

◆ Anlauf über einen erhöhten Laufsteg und kleinen Kasten mit Strecksprung.
◆ Anlauf auf dem Boden oder mit Einsprunghilfe und Strecksprung.
◆ Hock- und Grätschsprung, gegebenenfalls Strecksprung mit halber und dann ganzer Drehung.
◆ Strecksprung auf, dann über einen Querkasten.

✦ Hockwende nach rechts und in Blickrichtung weiterlaufen.
✦ Hockwende nach links und in Blickrichtung weiterlaufen.
✦ Abstützen zur freien Rolle auf Mattenberg.
✦ Freie Rolle zum Sitz auf Mattenberg.

Je nach Zielrichtung und Könnensstand der Kinder kann jetzt entweder ein Handstandüberschlag über den Querkasten oder ein Salto auf den Mattenberg bzw. später über den Querkasten folgen.

Einen etwas anderen methodischen Weg beschreibt Michael KUHN in seinem kleinen Aufsatz „Nur Fliegen ist schöner" in „Ü", dem Magazin für Übungsleiterinnen und Übungsleiter des Deutschen Turner-Bundes.

☞ *Besondere Aspekte bei der Vorführung*
Der Aufbau muss sicher sein. Deshalb ist es sinnvoll, diese Programmnummer ganz am Anfang oder direkt nach der Pause zu platzieren, da dann in Ruhe aufgebaut werden kann. Dabei ist insbesondere auf den Anlauf (genügend Platz zum Rein- und Rauslaufen) und auch auf die Lichtverhältnisse zu achten (Blendung durch Scheinwerfer).
   Die Bedingungen in einem Zirkuszelt oder unter freiem Himmel sind deutlich schwieriger als in einer Turnhalle. Daher muss der gesamte Ablauf unter diesen Bedingungen in Ruhe genau abgesprochen, ausprobiert und womöglich modifiziert werden. Dabei ist immer der Grundsatz „Sicherheit geht vor" zu beachten. Deshalb sind bei Unsicherheiten immer schwierige Übungen oder sogar die gesamte Nummer wegzulassen.
   Ein geschulter Betreuer (möglichst nicht im Trainingsanzug, sondern auch z.B. als Clown verkleidet) steht während der Aufführung immer am Kasten und muss in schwierigen Situationen helfen und sichern oder sogar bei Problemen den Ablauf unterbrechen.

Im Programm wird immer zuerst in langsamer Reihenfolge und mit einfachen Sprüngen begonnen. Dann erhöht sich das Tempo in der Abfolge auf Klatschzeichen oder von selbst  und die vorgeführten Kunststücke werden schwieriger, bis hin zu Handstandüberschlägen und Salti.
   Wichtig ist es auch, ein paar lustige Elemente mit einzubauen, zum Beispiel einen Clown, der „aus der Reihe tanzt", am Schluss aber vielleicht doch den schwierigsten Sprung von allen macht. Meist haben die Schülerinnen und Schüler dazu viele Einfälle.

Bei besonderen Sprüngen sollte, wie im „richtigen" Zirkus, eine kurze Konzentrations- und Spannungspause („Trommelwirbel") vorgeschaltet sein.

Insgesamt sollte die Darbietung nicht zu lang und auch nicht zu gleichförmig werden (nicht zu viele Springer, bzw. im Laufe der Darbietung steigen einige aus).

Erst durch bunte, aber trotzdem funktionelle Kostüme oder Präsentationen am Rand (unter anderem durch die Kinder, die bei schwierigen Sprüngen nicht mehr mitmachen), wird aus der reinen turnerischen Übung eine präsentable Darbietung im Zirkus.

Durch eine kleine Umbauvariante (z.B. zwei parallele Minitramps) wird die Gleichförmigkeit unterbrochen und eine neue Qualität in die Darbietung gebracht (beispielsweise durch paarweises, gleichzeitiges oder „Reißverschluss"-Springen).

Beim Abbau helfen alle Akteure mit. Bei einer neuen, schnellen Musik, kann man einen kleinen Wettstreit im Schnellabbau darstellen, der durch die klatschenden und begeisternd mitgehenden Zuschauer zu einer eigenen kleinen Nummer wird (der Clown steht natürlich daneben und lacht sich ins Fäustchen).

Anmerken möchte ich zum Schluss dieses Kapitels noch, dass trotz sehr vieler Vorführungen mit dem Minitrampolin noch nie ein Unfall oder eine ernsthafte Verletzung bei uns passiert ist.

## 5.8 Rope Skipping

*„Hab' ein Auge auf dein Herz."*

Deutsche Herzstiftung

Squaredancemusik ertönt, ein paar „harte" Cowboys kommen in die Manege, entpuppen sich letztlich doch als harmlose Randfiguren, denn nun kommen sie, die „Girls" (häufig sind es nur Mädchen) mit ihren Ropes, ihren Springseilen, mit denen sie zuerst allein, dann paarweise und schließlich auch in Gruppen mit langen Doppelseilen, ihre Kunststücke zeigen.

*Rope Skipping*

Rope Skipping, das sich aus dem früheren Seilspringen entwickelt hat, hat sich auf Grund seiner Dynamik zu einer attraktiven Darstellungsform innerhalb der neueren Bewegungskünste entwickelt und ist meist eine der Programmnummern im Zirkus, die die Zuschauer mitreißen.

Zum Gelingen gehören die entsprechenden Seile, eine flotte, dynamische und das Publikum ansprechende Musik (es muss nicht unbedingt Squaredance sein) sowie meiner Ansicht nach auch eine kleine Geschichte oder zumindestens Kostüme, die das Seilspringen ein wenig inhaltlich einbetten und damit von der rein sportlichen Bewegungsform unterscheiden.

Die wesentlichen Aspekte bei der Vorführung sind, neben der guten Darstellung der verschiedenen Techniken, auch die Vielfalt in Form und Inhalt und insbesondere die Ausstrahlung der Aktiven.

Zum Thema Rope Skipping sind in den letzten Jahren eine Vielzahl von Büchern, Broschüren und Artikeln erschienen.

Als Grundlagenliteratur kann man sich die beiden Bücher von Susan E. KALB-FLEISCH, „Skipping – Das ideale Fitness-Training" und das „Double Dutch Handbook" zu Gemüte führen. Die Broschüre von Monika und Hellmer WIETHOFF, „Rope Skipping – Vom Seilspringen zum Rope Skipping", die über den Deutschen Turner-Bund herausgegeben wurde, gibt zudem weitere vielfältige Anregungen.

In diesem Kapitel will ich zunächst einige methodische Hinweise geben und dann ein paar Sprünge und Variationen darstellen. Im Kapitel 5.10 „Darstellen und Gestalten" sind noch ein paar Tipps zu Vorführungen enthalten.

### 5.8.1 Methodische Hinweise

Zum Rope Skipping braucht man vernünftiges, motivierendes Gerät. Zwar lassen sich grundsätzlich (fast) alle Übungen mit jedem normalen Sprungseil durchführen, doch wer einmal mit einem bunten Kunststoffseil, „Speed Rope", gesprungen ist, weiß den Unterschied zu schätzen. Aber auch die so genannten „Beaded Ropes", etwas längere Gliederseile, die besonders für Paarsprünge geeignet sind und die „Cloth Ropes", die 4 bis 6 m langen „Bergsteiger"-Seile, die von zwei sich gegenüberstehenden Personen geschwungen werden, sind hochmotivierend für die Schülerinnen und auch Schüler.

Zum Springen selbst ist ein gut gedämpfter, leichter und rutschfester Schuh geeignet. Geübt werden sollte zudem möglichst auf einem guten Hallenschwingboden, um die Gelenke zu schonen.

Vor dem eigentlichen Springen sollte ein der jeweiligen Altersstufe angepasstes Aufwärm- und Dehnungsprogramm stehen. Bei jüngeren Schülern sollten vor allem diverse motivierende Spielformen verwandt werden, die besonders die Beinmuskulatur vorwärmen (Lauf- und Sprungspiele).

Bei Jugendlichen können auch verstärkt funktionelle Übungen eingesetzt werden (u.a. Abrollen des Fußes, leichte Sprünge über das ausgelegte Seil, Arm-Bein-Koordination, z.B. Hampelmann u.ä.).

Erste gemeinsame Lauf- und Sprungerfahrungen mit dem Seil kann man besonders gut im großen Seil machen. Dazu drehen zwei sich gegenüberstehende Personen das ca. 6 m lange Seil und die Kinder versuchen, zuerst nacheinander, dann auch paarweise oder in kleinen Gruppen, durch das kreisende Seil zu laufen. Das sollte von Anfang an in beide Drehrichtungen versucht werden. Daran kann sich ein Hineinlaufen mit einigen wenigen Grundsprüngen und ein Herauslaufen anschließen. Erstaunlicherweise kennen auch viele Kinder noch das Hüpfspiel „Teddybär, Teddybär, dreh dich um, …" in vielerlei Varianten, das sehr gut in diese Einsprungphase hineinpasst.

Wir sind dann weiter so vorgegangen, dass jedes Kind diejenigen Sprünge mit dem Seil machen kann, die ihm am interessantesten erscheinen. Hierbei stehen drei verschiedene Möglichkeiten zur Auswahl: Einzelsprünge mit den Speed Ropes, Partnersprünge mit den Beaded Ropes sowie Einzel- oder Gruppensprünge im großen Seil, dem Cloth Rope, die später zu den Doppelseilsprüngen, den Double Dutchs, ausgeweitet werden.

    Den Schülerinnen und Schülern sollte nun genügend Zeit zum Kennenlernen, Stabilisieren und Ausprobieren gegeben werden. Auch hierbei sollten die Kinder über „learning by doing" möglichst eigenständig vielfältige Erfahrungen machen und eigene Variationen entdecken.

Sinnvoll und hilfreich ist an dieser Stelle auch häufig (nicht immer) der Einsatz von Musik. Hierzu eignen sich besonders Musikstücke mit 120-140 Schlägen pro Minute (bpm), was bei vielen CDs und MCs angegeben ist. Man nimmt am besten die Musik, die den Kindern gefällt und lässt sie „ihre" Musik mitbringen.

Gerade am Anfang sollten die Kinder nicht mit zu vielen neuen Sprüngen und Variationsformen überfordert werden. Zudem ist darauf zu achten, dass nicht zu lange gesprungen wird. Es sollten regelmäßig Pausen z.B. zur Besprechung oder zum Vorführen eingelegt werden, sodass die reine Sprungzeit nicht länger als eine halbe Stunde pro Einheit beträgt.

### 5.8.2 Ein paar ausgewählte Sprünge und Variationen

☞ *Der Grundsprung*

Die Seilenden werden in beiden Händen locker im Handgelenk gehalten. Die Seilmitte liegt am Boden hinter den Füßen (das Seil sollte so lang sein, dass es bis unter die Achseln reicht, wenn man auf ihm steht). Man steht in aufrechter Haltung, in der Schlussstellung, also mit geschlossenen Beinen. Nun wird mit einem Armkreis vorwärts das Seil von hinten hoch über den

Kopf nach vorn geschwungen. Kurz bevor das Seil leicht den Boden berührt, springt man darüber. Absprung und Landung sollten vom Fußballen erfolgen, die Füße werden nur so weit vom Boden abgehoben, dass das Seil gerade darunter durchpasst. Die Knie sind locker und geben beim Absprung und der Landung leicht nach. Bauch-, Rücken- und Gesäßmuskeln haben eine leichte Vorspannung. Der Blick ist nach vorn gerichtet und die Schultern hängen. Die Arme werden angewinkelt am Körper gehalten. Das Seil wird locker aus den Handgelenken gekreist.

Aus diesem Grundsprung lässt sich nun eine Vielzahl von Variationsmöglichkeiten ableiten: Laufen, Propeller rechts, links, Kniebeher, Beinkreuzen, Grätschen, Armkreuzen, Twister, doppelter Seilschwung, usw., die in unterschiedlicher Weise miteinander kombiniert werden können.

*Partnersprünge, Duo Swing oder „Ein Seil zu zweit"*
Das Duospringen hat für viele Akteure einen besonderen Reiz, weil es vielen mehr Spaß macht, gemeinsam zu springen und auch erhöhte Anforderungen an das Zusammenspiel der Paare stellt.

Hierzu werden am besten die Beaded Ropes genommen, die bei den Paargrundsprüngen von beiden Partnern jeweils am Seilende in der Außenhand gehalten werden. Nun können wieder, in verschiedenen Variationen, diverse Techniken der Einzelsprünge auch beim Duo Swing ausprobiert werden.

Eine interessante Variante bei den Partnersprüngen ist die Möglichkeit des ständigen Wechsels zwischen dem Seilspringen oder dem Schwingen nur von außen. So kann z.B. am Anfang Partner A im Seil springen, während B außen steht und nur schwingt. Dann kommt B ebenfalls ins Seil und beide springen. Nun geht A aus dem Seil, usw.

Eine andere Form ist die, dass nur ein Partner mit beiden Händen das Seil hält und schwingt, während der andere eng am Schwinger im Seil, vorwärts oder rückwärts, frei mitspringt oder als „Besucher" nach mehreren Einzelsprüngen mitgenommen wird bzw. nach mehreren Paarsprüngen das Seil wieder verlässt. So kann z.B. ein Seilspringer nacheinander eine ganze Reihe von „Besuchern" aufnehmen und wieder abgeben.

*Zwei Seile für zwei*
Auch bei diesen Paarsprüngen eignen sich besonders die Beaded Ropes oder auch etwas längere Einzelsprungseile.

Die Partner stehen bei diesen Übungen nebeneinander. Jeder hat ein Seil, wobei die Seilenden, die zwischen den beiden Springern sind, getauscht werden. Beide Partner stehen vor den Seilen und haben in der inneren Hand ihr eigenes Seilende, in der äußeren Hand das ihres Partners.

Nun können bei der einfachen Form beide Partner im gleichen Rhythmus über ihre jeweiligen Seile springen.

In einer recht schwierigen Form, dem „Wheel", wird dagegen in einem Wechselrhythmus gesprungen. Wie beim Paddeln muss dabei der rechte Unterarm eine halbe Drehung vor dem linken Unterarm eine Art „Mühlkreisen" ausführen. Um diesen Paarsprung zu beherrschen, gibt es sinnvolle und notwendige methodische Schritte, z.B.

✦ Schwingen mit zwei Seilen in der Dreiergruppe, auf das ich jedoch an dieser Stelle nicht weiter eingehen möchte.

Alle Paarsprünge können auch zu Dreier-, Vierer- oder Vielfachketten erweitert und in vielfältiger Form variiert werden.

☞ *Der Double Dutch*

Nach den methodischen Vorübungen mit einem langen Seil (siehe 5.8.1 „Methodische Hinweise"), kann nun ein zweites, gleich langes Seil hinzugenommen werden.

Damit üben die sich gegenüberstehenden Partner zuerst einmal ein sauberes, regelmäßiges, wechselseitiges Schwingen der beiden Seile. Die Bewegung kommt dabei aus dem Ellbogen- und Handgelenk und muss vom Rhythmus her wie beim „Wheel" ausgeführt werden, d.h. wenn das eine Seil am oberen Wendepunkt angelangt ist, berührt das andere gerade den Boden. Dabei sollte auf einen gleich bleibenden Radius und Abstand der beiden Seile geachtet werden.

Nun wird das Einspringen geübt, der für Anfänger schwierigste Teil beim Double Dutch. Der Springer steht dabei fast neben einem Seilschwinger. Wenn das gegenüberliegende Seil auf den Boden schlägt, muss er schnell über das entgegenkommende Seil hineinspringen.

Am besten wird dieser Zeitpunkt durch den Schwinger akustisch unterstützt, z.B. mit „jetzt, jetzt, jetzt, ...". Ab dem zweiten Sprung muss der

Springer nun in der Mitte der beiden Seile über das nächste Seil springen. Wenn das gelungen ist, geht es in einem relativ einfachen und gleichmäßigen Rhythmus weiter.

Nun können diverse Techniken und Kombinationen ausgeführt werden, von den Grundsprüngen angefangen, über Paar- und Gruppensprünge, Sprünge mit verschiedenen Geräten (Bälle, Einräder, ...), besondere Sprungtechniken (Liegestütze, Räder, Handstände, ...), bis hin zum Springen mit dem Einzelseil im Double Dutch.

### 5.8.3 Tipps bei Vorführungen

Der besondere Reiz beim Vorführen liegt nicht bei den Fähigkeiten der Kinder, eine Vielzahl verschiedener Sprünge und Techniken im Seil zeigen zu können.

Der wesentliche Reiz beim Rope Skipping liegt meiner Meinung nach in der Dynamik, in der Gruppenpräsentation und in der Vielzahl der Variations- und Kombinationsmöglichkeiten. Das bedeutet, dass nicht unbedingt einzelne, immer schwieriger werdende Techniken nacheinander präsentiert werden sollten, sondern dass man sich bei der Vorführung auf einige wesentliche Sprünge beschränken kann, die dann aber möglichst perfekt, in Gruppen, zu ansprechender Musik und steigernd mit hohem Tempo in vielen Variationen und Kombinationen demonstriert werden.

Wenn das Ganze dann noch in eine kleine Geschichte, z.B. eine Westernszene, eingebettet wird und die Techniken eher nebenbei gezeigt werden, aber trotzdem perfekt, dann stellt Rope Skipping eine besonders das Publikum mitreißende Nummer im Rahmen der Zirkusvorstellung dar.

## 5.9 Das große Finale

*„Alle besonderen Dinge
sind zeitlich begrenzt."*

Christo, Verpackungskünstler

Roncallis „Auszug der Gladiatoren" ertönt und mit diesem Gefühl, das die Musik vermittelt, kommen die meisten Artisten auch in die Manege zurück.

*Finale im Zirkus Roncalli*

Nach und nach lässt der Zirkusdirektor die einzelnen Nummern noch einmal Revue passieren und stellt dabei die jeweiligen Zirkuskinder möglichst mit ihrem Namen vor. Dann wird das Abschiedslied des ZIRKUS WILLIBALD angestimmt:

*„Das war's vom ZIRKUS WILLIBALD,*
*wir spielten hier für Jung und Alt;*
*wir tanzten, musizierten,*
*wir zauber'n und jonglierten,*
*wir machten Clownerie,*
*affengeil, affengeil.*

*ZIRKUS WILLIBALD,*
*goodbye, auf Wiederseh'n,*
*güle güle, jetzt könnt ihr alle geh'n,*
*tschü—ss."*

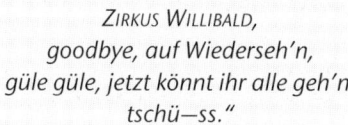

Meist hält der Applaus des Publikums noch einige Zeit danach an, sodass noch einmal Zirkusmusik ertönt und alle Beteiligten winken.

Erscheint diese Form des Finales auch ein wenig antiquiert, so ist sie meiner Meinung nach doch immer noch die Beste und vor allem für die Kinder, die aufgetreten sind, die angemessenste und dankbarste Form.

Die Zirkuskinder, die wochen- und monatelang für einen solchen Auftritt geübt haben, die über eine Stunde lang ihr Bestes gegeben haben, haben es nun verdient, Applaus für ihre einzelne Nummer und alle zusammen nochmals Applaus für das Gesamtprogramm zu erhalten. Und diese Kinder haben es nicht nur verdient, sie brauchen auch diese Anerkennung, diese Aufmerksamkeit. Damit werden sie bestärkt, das macht sie zufrieden und lässt auch meist kleinere Missgeschicke bei der Vorführung vergessen.

*Riesenfreude bei allen Beteiligten – alles hat geklappt ...*

Wenn man das Programm in einen Traum eingebettet sieht (ihr erinnert euch an den Clown am Anfang mit der Kerze?), dann ist nach all dem noch folgendes Ende möglich:
   Da irgendwann wirklich einmal Schluss sein muss, wird zum gegebenen Zeitpunkt die Musik ausgeblendet, das Licht heruntergedimmt und die Kinder in der Manege fallen zurück in ihren anfänglichen Schlaf. Erstaunt, ein bisschen nachdenklich, kommt unser Clown mit seiner brennenden Kerze noch einmal in die Manege und schaut sich die am Boden liegenden und schlafenden Zirkuskinder an. Man hört ihn fast denken, „war es nun ein Traum oder nicht?". Er schaut nochmals fragend ins Publikum und pustet die Kerze aus.

## 5.10 Darstellen und Gestalten

*„Es recht zu machen jedermann,*
*ist eine Kunst, die keiner kann."*

Sprichwort

Wie bei allen darstellenden Künsten, hängt der Erfolg einer Zirkusvorstellung neben den vorgeführten Techniken, besonders beim Kinderzirkus, auch davon ab, wie die einzelnen Nummern dargestellt und in welcher Form der Programmablauf und die Verbindung einzelner Techniken gestaltet wird.

☞ **Darstellen**
Zum einen müssen Kinder Spaß an der Sache haben und sie müssen diese Freude gerade auch bei den Vorführungen behalten und den Zuschauern zeigen.

Neben dem Spaß am Zirkus müssen die Kinder aber auch lernen, Zirkus zu „spielen", d.h. Artisten, Zauberer und Clowns darzustellen, sich in diese Rollen hineinzubegeben, die Gefühle, die damit verbunden sind, auszudrücken. Erst wenn dies gelingt, wird Kinderzirkus wirklich gut.

Um das zu verstehen, brauchen viele Kinder einige Zeit. Man sollte sie damit auch nicht überfordern, sondern sie schrittweise, eher nebenbei, immer wieder mit verschiedenen Spiel- und Übungsformen zum Thema „Darstellen" konfrontieren, ihnen verschiedene Methoden zur Wahrnehmung und Verbesserung ihrer darstellerischen Fähigkeiten anbieten.

Ich möchte hierzu ein paar Anregungen geben, ein paar Spiel- und Übungsformen vorstellen.

**Wie komme ich, wie kommen wir in die Manege?**
Wir üben paarweise oder in kleinen Gruppen eine kurze Akrobatik- oder Jongliernummer ein, die dann den anderen Teilnehmern unter folgenden Aspekten vorgeführt wird:

✦ Gegenseitig kündigt man sich in der Manege dem Publikum mit ein paar biografischen Besonderheiten an.

✦ Man kommt als „Star" hinter dem Vorhang hervor.
✦ Man tritt tollpatschig vor das Publikum.
✦ Man macht alles in Zeitlupe oder sehr schnell.
✦ Man ist in jeder Aktion klar und eindeutig.
✦ Man ist in jeder Aktion unsicher, suchend, ertastend, ...

*Wie bewege ich mich, wie bewegen wir uns in der Manege?*
Wir stellen uns die folgenden Situationen vor und spielen sie dann auch in der Manege:

✦ Wir gehen über verschiedene Böden (z.B. heißer Sand, Kieselsteine, ...).
✦ Wir bewegen uns wie eine Katze, ein Elefant, ein Gigolo, ein Geschäftsmann, ...
✦ Wir versuchen, verschiedene Gefühle auszudrücken, z.B. Traurigkeit, Unsicherheit, Selbstbewusstsein, ...

*Wie finde ich meinen „Punkt", den Abschluss einer Darbietung?*
Wenn möglich, beobachtet die eine Hälfte der Gruppe die andere, während diese versucht, verschiedene Vorgaben darzustellen.

Dazu geht die Halbgruppe durcheinander, einer hat einen Hut auf, dieser wird spontan immer weitergegeben. Auf ein erstes Zeichen von außen, z.B. ein Klatschen, verharren alle („freeze") mit folgenden Vorgaben:

✦ Alle sollen sich zur Person ausrichten, die gerade den Hut aufhat.
✦ Alle richten sich zum Hut aus und zeigen darauf.
✦ Alle gehen auf die Person zu und verharren kurz davor.
✦ Und zwar: wütend, fragend, ängstlich, ...

Beim zweiten Klatschen wird die Spannung wieder aufgelöst und alle gehen weiter durcheinander, es kann ein zweites Gefühl zum Weggehen genannt werden. Je nach Gruppe können verschiedene weitere Variationen ausprobiert werden, z.B. ein Auflösen ohne zweites Klatschen. Dabei lösen die Teilnehmer die Spannung selbstständig, ohne jede Absprache, auf. Die gesamte Übung kann auch ohne jede Form von Zeichen versucht werden.

Wichtig bei diesen Übungen ist beides, das Ausführen und das Beobachten in den jeweiligen Halbgruppen, die sich nacheinander abwechseln.

Eine Art Zusammenfassung dieser drei Aspekte bilden die folgenden beiden Übungen, die jedoch ein hohes Maß an Vertrauen zur Gruppe, ein wenig Mut bei den Einzelnen und vor allem Spontanität voraussetzen.

### Standbilder

Alle sitzen im Kreis, „im Publikum". Jeder, der will, kann in die Manege gehen, nimmt irgendeine Position ein und erstarrt. Weitere Personen folgen spontan und ergänzen bzw. verändern das „Bild", bis dieses inhaltlich oder räumlich „steht". Das Ganze kann auch mit bestimmten Vorgaben durchgeführt werden, z.B. mit Gegenständen, unter thematischen Aspekten (z.B. Akrobatik, ...).

### Freie Improvisationen

Alle sitzen wieder im „Publikum". Jeder, der will, geht in die Manege und spielt spontan, improvisiert körperlich etwas (er stellt z.B. einen Kraftprotz dar). Wichtig dabei ist, dass der Darsteller seine Gefühle in dieser Rolle körperlich, ohne Sprache, ausdrückt, sich mit der Rolle identifiziert und sie durchhält, besonders dann, wenn weitere Darsteller hinzukommen, die Szene verändern, ergänzen und gegebenenfalls auflösen (wollen).

### Der Abschluss einer solchen Einheit kann ein „Bewegungsblitzlicht" sein

Zur Frage, „was nehme ich mit nach Hause?", versucht jeder nacheinander aus dem Kreis heraus, die Antwort in kurzer Form pantomimisch darzustellen.

## ☞ Gestalten

Neben der Verbesserung der darstellerischen Fähigkeiten bei den einzelnen Nummern sind im Laufe der Jahre auch immer mehr Fragen zur Gestaltung des Gesamtprogamms aufgetaucht.

Wie können die einzelnen Zirkustechniken und die einzelnen Programmnummern besser miteinander verbunden werden? Gibt es einen „roten Faden" durch oder einen Rahmen für das gesamte Programm? Steht vielleicht sogar der gesamte Kinderzirkus unter einem Motto oder einer übergeordneten Idee? Ich will auch hierzu noch ein paar mögliche Antworten geben.

Anfangs war jede Nummer und unser gesamtes Programm eine Abfolge verschiedener Techniken, bei denen bestimmte Bewegungskünste oder zirzensische Elemente (Akrobatik, Clownssketche u.ä.) vorgeführt wurden.

Wir haben dann zuerst versucht, innerhalb einzelner Programmnummern nicht nur die technischen Fertigkeiten zu demonstrieren, sondern diese in eine kleine Geschichte einzubauen, wie z.B. beim vorne beschriebenen „Selim oder die Kunst des Fliegens" oder bei „I'm Singing in the Rain".

Bei den Clownszenen wurden „Hau ruck, hau ruck!" und „Das stärkste Kind" beschrieben. Gerade bei diesen beiden Geschichten ist eine Verknüpfung sinnvoll bzw. ergibt sich von selbst.

Aber wie vorne schon kurz angedeutet, lassen sich in idealer Weise auch Nummern aus verschiedenen Bereichen, wie z.B. die Zaubernummer „Die große Tücherproduktion" und die „Gruppentuchjonglage" verbinden.

Eine längere Geschichte entsteht, wenn man z.B. mit Cowboys und -girls eine Westernszene darstellt, darin nach dem „Streit um den Stuhl" zu Squaredancemusik „Einzelsprünge und Variationen" vom Rope Skipping präsentiert, dann den „Schuss durch die Tüte" folgen lässt und die gesamte Szene mit einer flotten „Double Dutch"-Nummer beendet.

Ein einfacher „roter Faden" läuft wie von selbst durch das Programm in Form von kleinen und größeren Auftritten eines oder mehrerer Clowns, die sich immer wieder in das Zirkusgeschehen einmischen, ob, wie bei den Clownszenen beschrieben, „Der große Ahh und die kleine Ohh", die mit festen Nummern immer wieder in die Manege treten oder als der Clown, der „Die Pferdedressur" macht und beim „Zauberkäfig" erst stört, aus der Manege geworfen wird und dann wieder im Käfig erscheint. Hierfür braucht man Talente, die diese besondere Rolle auch mit viel Engagement und Ausdrucksvermögen ausfüllen.

Einen weiteren, zudem sehr lustigen Effekt, ruft das „komische Gespenst" hervor, das an Stelle eines „Nummerngirls" bei den Übergängen die Zuschauer unterhält bzw. die neuen Nummern ankündigt.

*Das komische Gespenst*

Ein übergeordneter „roter Faden" ergibt sich manchmal schon über einen „Arbeitstitel" oder eine „Überschrift". Roncalli wählte vor Jahren „Die Reise zum Regenbogen". Für uns hat „Zirkus immer etwas mit Fantasie und Träumerei" zu tun.

So wandelt Justin am Anfang der Zirkusvorstellung schlaftrunken mit einer Kerze in die Manege. Es folgen meditative Klänge, zu denen sich Körper wellenmäßig, traumhaft, fantasievoll, unter einem Fallschirm verborgen, bewegen. Beendet wird die Vorführung, indem Justin die Kerze am Schluss des Programms auspustet.

Zu bedenken ist bei all diesen Einbettungsversuchen die Gefahr, vieles in einen Rahmen zwängen zu wollen, was überhaupt nicht hineinpasst. Viele rein technische Nummern verlieren an Ausstrahlungskraft, wenn versucht wird, ihnen ein inhaltliches Korsett überzustülpen. Viele Kinder haben daran auch kein Interesse, aber trotzdem viel Talent und Lust zum Zirkusmachen.

Deshalb sollte man beim Kinderzirkus in einem inhaltlichen Rahmen auch durchaus rein technische Nummern zulassen, wenn sie eine besondere Qualität aufweisen und nicht völlig diesem Rahmen widersprechen. Man muss dann nur auf eine sinnvolle Platzierung achten.

Zirkus ist ideal, um in vielerlei Hinsicht über den eigenen Tellerrand hinauszuschauen. Es bieten sich hier inhaltlich und organisatorisch viele Möglichkeiten des Zusammenfassens von Themen und der Zusammenarbeit mit anderen.

Vor dem multikulturellen Hintergrund unserer Schüler bot sich von Anfang an eine thematische Einbettung des Programms unter dem Motto „Eine Reise um die Welt" an. Im Kopf habe ich zudem immer noch viele Ideen zu „A World out of Time".

Ein Schwerpunkt unserer Schule war in den letzten Jahren, praktisches Lernen und Arbeiten mit der Zirkusarbeit zu verbinden. Dabei ergab es sich zwangsläufig von selbst, auf Grund der begrenzten Mittel und Möglichkeiten, viel selbst zu machen, vom Plakatemalen, über den Zeltaufbau, das Kostümeschneidern, die Programmgestaltung und -durchführung bis hin zur Abrechnung.

Zirkus ist und war immer ein Teil von Bewegungs-„Kultur". Daher ist es sinnvoll, im und mit dem Zirkus mit anderen Kulturformen zusammenzuarbeiten. Hier bieten sich insbesonders die Musik und das Theater an. So wurde z.B. ein ZELTFEST für Musik, Theater und Zirkus oder bei den Harburger Altentagen ein Zirkus mit Jung und Alt mit Theater-Seniorengruppen organisiert.

Später kamen weitere Schwerpunkte hinzu, wie z.B. die Entdeckung neuer Räume, die zu Kooperationen mit anderen Institutionen und Gruppen führte und zu damit verbundenen gemeinsamen Gruppenerlebnissen. Angefangen von „Probetagen" in der Wilhelmsburger Honigfabrik, über Auftritte im Harburger Rieckhof oder im Chapiteau von Roncalli, Besuche und Workshops im Hamburger Varieté HANSA THEATER, Zirkus im Schwimmbad, bis hin zu unterschiedlichsten WANDERFAHRTEN, über die ich im nächsten Abschnitt noch ausführlicher berichten möchte.

Gerade in letzter Zeit ist mir die Bedeutung der Zirkusarbeit mit Kindern im Sinne von Kinder stark machen, immer bewusster geworden. Jede Übungsstunde, jeder Auftritt, jede Wanderfahrt trägt dazu bei.

*Zirkusartisten unter sich beim Zeltfest der GSW (Juni 1996)*

# 6. Schulzirkus und praktische Arbeit

Seit seinem Bestehen bietet der ZIRKUS WILLIBALD den Schülerinnen und Schülern als integrierten Bestandteil der Zirkusarbeit neben dem Erlernen zirzensischer Künste, auch vielfältige Möglichkeiten zum praktischen Arbeiten und Lernen an.

Von Anfang an wurde Wert darauf gelegt, dass alle anstehenden Arbeiten um die Übungsphasen und insbesondere um die Auftritte herum von den Schülern mitgestaltet wurden. So wurden für Auftritte PLAKATE gemalt, KOSTÜME und MASKEN entworfen oder T-SHIRTS gestaltet und bemalt sowie BUTTONS hergestellt. Zum Transport wurden JONGLIERKOFFER und TRANSPORTKISTEN fertig gestellt und ausgebessert.

Für die Zirkuswanderfahrten mussten FAHRRÄDER, zusammen mit dem Sozialpädagogen, überprüft und repariert werden.

Bei Auftritten wurde die MUSIK- und LICHTANLAGE mit Schülern zusammen aufgebaut und bedient. Häufig wurde die Vorführung mit VIDEOKAMERA aufgenommen.

Die MANEGE und der VORHANG mussten aufgebaut und dekoriert werden, das ZIRKUSZELT wurde bestuhlt.

Unter Anleitung des Handwerksmeisters der Schule wurde zusammen mit Schülern ein alter Bauwagen als ZIRKUSWAGEN umgebaut und angemalt. Zudem wurden in den letzten beiden Jahren drei professionelle ZAUBERGROßILLUSIONEN gebaut. Auch hierbei wurden Schüler bei der Planung, Gestaltung, Ausführung und Reparatur miteinbezogen.

Wurden die meisten dieser Arbeiten in den ersten Jahren im Klassenverband und in Zusammenarbeit mit anderen Fächern durchgeführt, so haben sie sich in den letzten Jahren mehr auf interessierte Schüler im Rahmen von FACH- und PROJEKTTAGEN und -WOCHEN verlagert. So wurden im Rahmen der letzten Fachtage JONGLIERBÄLLE hergestellt und mehrere Paare HOCHSTELZEN gebaut.

Viele der Arbeiten sind heute auch anspruchsvoller geworden. Durch den Kauf des eigenen ZIRKUSZELTES und dessen regelmäßigen Gebrauch sind die erforderlichen Tätigkeiten zudem vielfältiger, interessanter, aber auch kör-

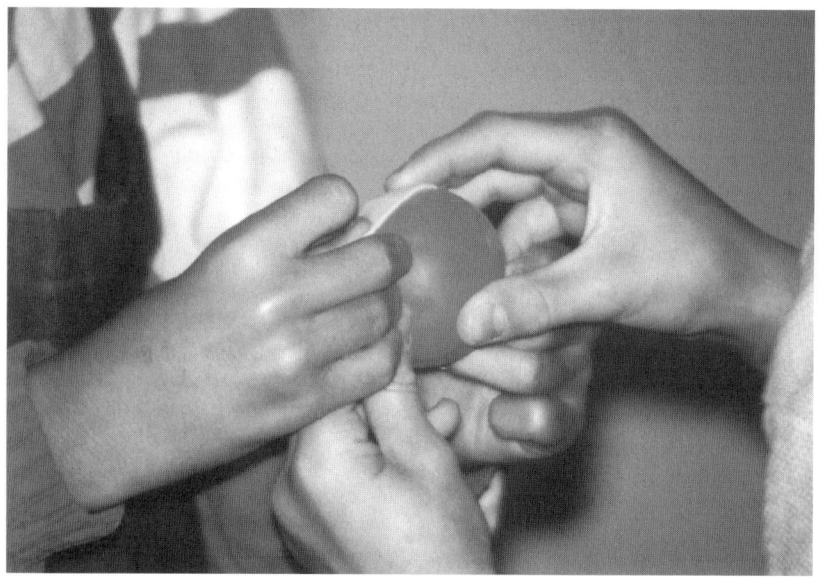

*Herstellung von Jonglierbällen*

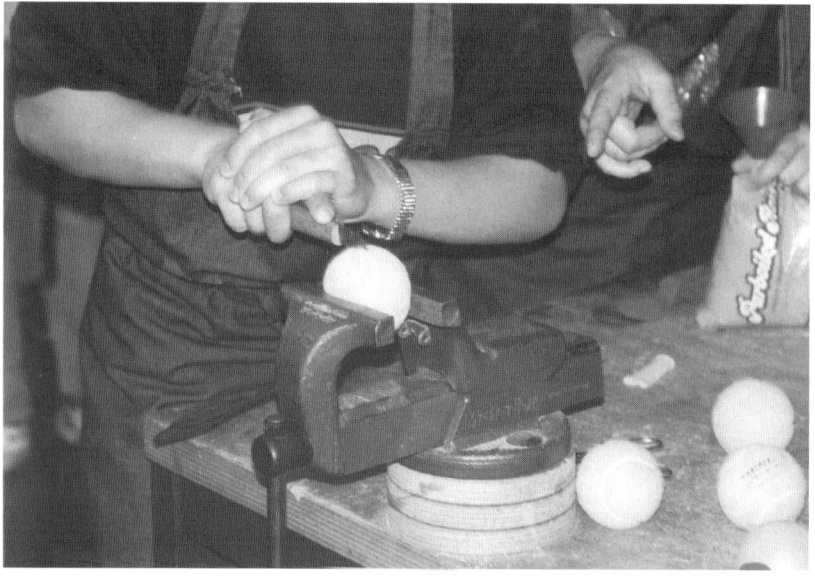

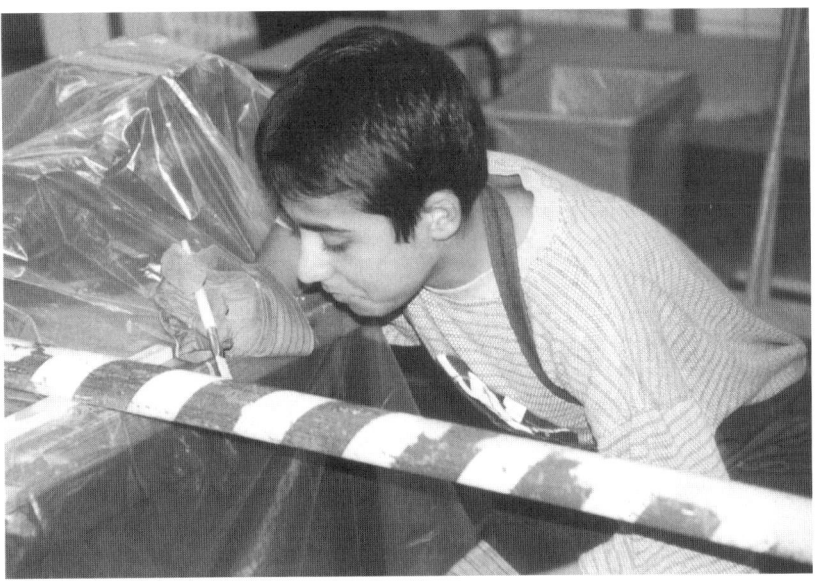

*Neuanstrich für die Zeltstangen sowie Kontrolle der Zeltplanen*

perlich anstrengender geworden. So müssen die ZELTPLANEN regelmäßig ausgelegt, gereinigt und ausgebessert sowie die ZELTSTANGEN neu zweifarbig angestrichen werden.

Bei den regelmäßigen Großveranstaltungen (z.T. mit zwei Zirkuszelten und diversen Nebenaktivitäten) sowie den sich meist anschließenden Zirkuswanderfahrten hat sich in den letzten Jahren ein Stab von interessierten und geschickten Helfern und sogar einigen Spezialisten herausgebildet. So betreut ein jetzt 17-jähriger Schüler seit der 5. Klasse bei allen Großveranstaltungen die Musikanlage, die er heute in fast professioneller Weise bedient. Sein gegenwärtiger Berufswunsch ist es, Radio- und Fernsehtechniker zu werden.

Mehrere Jungen betätigen sich in der Regel als ZELTBAUER, viele Mädchen sind für den Aufbau und die Dekoration der Manege zuständig.

Langfristig ist das Ziel, neben den Akteuren in der Manege auch einen festen Stab von „technischen Mitarbeitern" zu etablieren. Diese sollen in Projekt- und Fachtagen an die Arbeit herangeführt werden, Materialien u.ä. kennen lernen sowie notwendige Reparaturen durchführen. Bei Großveranstaltungen sind sie für den Auf- und Abbau, Dekoration und Durchführung zuständig.

# 7. Aktivitäten des ZIRKUS WILLIBALD

*„Träume, das sind doch auch Taten!*
*Aus Träumen entsteht der Zustand der Welt!"*

Heinrich Heine

Zirkus hat etwas mit der Verwirklichung von Träumen und „Funtasien" zu tun, d.h. Freude daran zu haben, kreative Ideen mit Spaß auch umzusetzen, angefangen bei lustigen Einfällen zum Programm, über den Traum vom eigenen Zelt, bis hin zur Wanderfahrt mit Pferd und Wagen.

Zirkus bedeutet zuallererst jedoch, Bewegungskünste einzustudieren, ein Programm zu erstellen, bei kleineren Auftritten Erfahrungen zu sammeln. Um diese Träume wirklich in Taten umzusetzen, braucht man viel Organisationstalent, ein gutes Gefühl für Machbares, viel Zeit und vor allem viel Geduld.

Wir haben bei unseren Projekten meist klein angefangen, haben dann erfolgreiche Projekte nicht nur wiederholt, sondern auf den Erfahrungen aufbauend, diese um neue, interessante Aspekte schrittweise erweitert. So konnte aus einer kleinen Zirkusvorführung vor Grundschulkindern in der Sporthalle ein mehrtägiges Zeltfest im Schwimmbad werden.

Ich möchte im Folgenden beispielhaft einige besondere Aktivitäten und Projekte beschreiben. Im zweiten Teil möchte ich im Überblick alle Aktivitäten des ZIRKUS WILLIBALD auflisten, um einen Gesamteindruck in Umfang und Vielfalt zu vermitteln.

## 7.1 Besondere Ideen und Projekte

Höhepunkte eines Zirkusschuljahres waren immer besondere Veranstaltungen. Meist wurde im Mai oder Juni eine größere Veranstaltung in Wilhelmsburg sowie eine Wanderfahrt unternommen.

### 7.1.1 Projektwoche, Zirkustage und Zeltfeste in der Schule und anderswo

*„Sage nicht, wenn ich Zeit dazu habe,*
*vielleicht hast du nie Zeit dazu.*
*Wenn nicht jetzt – wann dann?"*

Talmud

☞ *Projektwoche*

Angefangen haben wir mit kleineren Zirkusvorführungen in der Schule. Die Erste bot sich am Ende einer Projektwoche der Grundschule zum Thema „Zirkus" im Mai 1993 an.

Nach verschiedenen vorbereitenden Aktivitäten vor der Projektwoche, die im Rahmen des normalen Unterrichts stattfanden (z.b. Minitrampolin im Sportunterricht, Zirkusgeschichten lesen in Deutsch, Zirkusplakate malen in Kunst), begann die eigentliche Projektwoche mit einer Einführungs- und Einstimmungsphase.
    Dazu wurde eine große Sporthalle so weit wie möglich in einen Zirkus mit Manege, Zeltdach, Vorhang, Musik, ... umgewandelt und in der Halle 5-6 Zirkusstationen aufgebaut, die von den Kindern in Gruppen durchlaufen werden mussten. Hierbei wurden sie eingestimmt, bekamen Anregungen und lernten erste Techniken beim Jonglieren, Trapezturnen oder bei der Akrobatik kennen.

Vom 2. bis zum 4. Projekttag wurde in festen Arbeitsgruppen, mit unterschiedlichen Schwerpunkten, wie z.B. Clownerie, Jonglieren, Akrobatik und Turnen, Zauberei, ... geübt und gearbeitet. Es wurde versucht, gemeinsam mit den Kindern kleine Nummern zusammenzustellen, die dann am letzten Projekttag in einer Abschlussveranstaltung in der Halle oder in einem Zirkuszelt vorgeführt werden sollten.

Über einen Wanderzirkus wurde kurzfristig ein Einmastzirkuszelt angemietet, das über Eintrittsgelder und einen Zuschuss des Schulvereins finanziert werden konnte. In diesem „richtigen" Zirkuszelt fand dann vor den Augen der Eltern und anderer Schüler die Abschlusspräsentation statt.

Diese Projektwoche bzw. die erste Vorstellung im Zelt war auch gleichzeitig der Beginn des ZIRKUS WILLIBALD mit seinen festen Akteuren und jährlich stattfindenden Zirkusveranstaltungen, von denen ich im Folgenden zwei besondere etwas ausführlicher beschreiben möchte.

### Zirkustage in der Schule ✑
Die „1. Wilhelmsburger Zirkustage" fanden im Mai 1995 statt. Die Idee bestand darin, über das Thema Zirkus, sich über die alten „Grenzen" hinweg näher zu kommen und Vorurteile abzubauen. So wurde schon bei der Planung viel Wert auf ein gemeinsames Rahmenprogramm gelegt.

Mit einem Schulzirkus aus Wittenberge in Brandenburg wurden drei Tage lang gemeinsam Zirkuskunststücke eingeübt, viele Aktivitäten unternommen, Feste gefeiert und zum Abschluss im Zirkuszelt eine gemeinsame große Zirkusveranstaltung durchgeführt.

Nach der Begrüßung durch die Schulleitung stand als erster Punkt auf dem Programm: „Wir zeigen den Gästen unsere Schule". Nach dem gemeinsamen Mittagessen in der Schulkantine ging es in drei verschiedene WORKSHOPS, bei denen sich gemischte Gruppen aus beiden Zirkussen zusammenfinden sollten. Nachmittags wurde den Gästen bei einem Spaziergang durch Wilhelmsburg der Stadtteil gezeigt.

Am nächsten Tag wurde in den WORKSHOPS weitergearbeitet. Nach dem gemeinsamen Mittagessen ging es am Nachmittag zu einer RUNDFAHRT nach Hamburg. Am Abend fand eine gemeinsame Fete statt.

In einem großen gemieteten Zirkuszelt wurde am nächsten Morgen das Programm zusammengestellt und eine Generalprobe durchgeführt.
    Am Nachmittag fand dann der Auftritt in der Manege statt. Dabei wurden neben den feststehenden Nummern der beiden Zirkusse auch einzelne, in den Workshops erarbeitete kleine Kunststücke und Programmnummern der gemischten Gruppen aufgeführt. Hinzu kamen zwei befreundete Hamburger Schulzirkusse, die mit jeweils ein oder zwei kleinen Vorführungen das Programm vervollständigten.

Viele Kinder der beiden Zirkusse haben an diesen Tagen Freundschaften geschlossen, die über Briefkontakte noch lange über diese Zeit hinaus aufrechterhalten blieben. Ein kurzer Gegenbesuch vom ZIRKUS WILLIBALD fand noch zum Ende des Schuljahres in Wittenberge statt.

☞ *Zirkusfest im Schwimmbad*

*„In einer Bahnhofshalle, nicht für es gebaut,*
*geht ein Huhn hin und her ...*
*Wo, wo ist der Herr Stationsvorsteh'r?*
*Wird dem Huhn man nichts tun?*
*Hoffen wir es! Sagen wir es laut:*
*daß ihm unsre Sympathie gehört,*
*selbst an einer Stätte, wo es vielleicht stört!"*

Frei nach Christian Morgenstern

Zum fünfjährigen Bestehen des ZIRKUS WILLIBALD sollte der enge Rahmen der Schule verlassen werden. Das nahe gelegene Freibad bot sich als Austragungsort eines großen ZIRKUSFESTES, das am 3. und 4. Juni 1998 stattfand, an. Die Planungen für das gesamte Projekt hatten ca. ein Jahr vorher begonnen.

Mit dem Schwimmbad bzw. dem Träger, „bäderland Hamburg", wurden genaue Vereinbarungen über Ort und Zeit, Eintrittsmodalitäten, Werbung und Finanzierung getroffen. Über das Jugendamt wurden Stadtteilkulturmittel, über Sponsoren weitere Gelder zur Finanzierung beantragt bzw. eingeworben. Von einem Wanderzirkus wurde ein großes Zirkuszelt gemietet. Ein Spielveranstalter stellte verschiedene große Bewegungsgeräte zur Verfügung, z.B. eine Hüpfkrake, eine Rollenrutsche u.ä. Die Ortsamtsleiterin konnte als Schirmherrin gewonnen werden.

Im Frühjahr wurde im Vorfeld des Festes ein MALWETTBEWERB mit dem Thema „Kinder malen Bilder vom Zirkus" ausgeschrieben. Die Preisverleihung sollte dann von der Schirmherrin im Rahmen der Zirkusveranstaltung vorgenommen werden. Zudem wurde eine FOTOAUSSTELLUNG erstellt, die an verschiedenen Orten in Wilhelmsburg vor, während und nach dem Zeltfest gezeigt wurde.

Etwa einen Monat vor dem Fest waren die vielfarbigen und auffälligen PLAKATE und eine WERBEBROSCHÜRE, die über „bäderland" und andere Sponsoren finanziert werden konnte, fertig. Diese wurden an verschiedene Institutionen verschickt und im Stadtteil verteilt.

*Broschüre zum fünfjährigen Bestehen von ZIRKUS WILLIBALD*

Am 3. Juni um 14.00 h öffneten die Tore des Schwimmbades auch für den Zirkus. Bei herrlichem Wetter konnte in Kombination mit dem Eintrittspreis von DM 3,- für Kinder bzw. DM 5,- für Erwachsene neben der Zirkusvorstellung auch das Freibad genutzt werden. Zudem gab es in der Pause sowie vor- und nachher vielerlei Spiel- und Mitmachaktionen, die Fotoausstellung und eine Tombola mit attraktiven Preisen.

An beiden Tagen war das Zelt gut gefüllt und das Jubiläumsprogramm des ZIRKUS WILLIBALD, das wieder durch ein paar Nummern von befreundeten Kinderzirkussen angereichert wurde, wurde begeistert gefeiert.

Alle Seiten, die an der Aktion beteiligt waren, waren nach dem Fest zufrieden.

### 7.1.2 Wanderfahrten „Von Hamburg nach ... "

*„Wer nicht losfährt, kommt nicht an."*

Zirkus bedeutet Bewegung und Begegnung. So spannend und vielfältig auch die Veranstaltungen vor Ort waren, sie sind und waren niemals mit den Wanderfahrten, ob mit dem Zirkuswagen oder der Barkasse vergleichbar. Zwei besondere Wanderfahrten möchte ich herausgreifen.

*„In Hamburg lebten zwei Ameisen,*
*die wollten nach Australien reisen*
*in Altona auf der Chaussee,*
*da taten ihnen die Beine weh*
*und so verzichteten sie weise*
*dann auf den letzten Teil der Reise."*

Joachim Ringelnatz

☞ *Mit Zirkuswagen und Fahrrädern in den Landkreis Harburg*
Der erste Wanderzirkus wurde in der Woche von Montag, den 12.9 bis Freitag, den 16.9.94 mit Fahrrädern, Zirkuswagen und Trecker durchgeführt. Insgesamt wurden über 100 km mit den Fahrrädern zurückgelegt und an zwei Grundschulen, in Westerhof und Brackel, Zirkusveranstaltungen im Zirkuszelt durchgeführt. Der Mietpreis für das Zirkuszelt wurde von den jeweiligen Schulen übernommen. Betreut wurden die kleinen Artisten von den bei-

den Klassenlehrern und dem Sozialpädagogen der Schule, die alle am Zirkusprojekt von Anfang an beteiligt waren. Der Trecker mit dem Zirkuswagen wurde von einem Kollegen gefahren, der für die jeweiligen Fahrtage freigestellt wurde.

Am Montagmorgen sammelten sich die Zirkuskinder auf dem Schulhof mit ihren Fahrrädern, der Zirkuswagen mit den notwendigen Zirkusutensilien und dem Gepäck der Kinder wurde an den Trecker angehängt und mit Polizeibegleitung und Sirenengeheul ging es mit dem gesamten Tross über die Hauptstraßen von Wilhelmsburg, später, ohne Polizeibegleitung auf Nebenstrecken und Radwegen weiter. Nach ein paar ersten kleinen Pannen wurde die erste Gastschule in Westerhof erreicht.

Das große Zirkuszelt war schon vom Wanderzirkus aufgebaut worden, sodass beim späten Mittagessen die ersten Kontakte geknüpft, dann die Räumlichkeiten erkundet und die Schlafplätze (Klassenräume mit Turnmatten) eingerichtet werden konnten.

Am nächsten Morgen mussten nun die eigenen Vorzelte, die Licht- und Musikanlage und alle Zirkusutensilien aufgebaut bzw. am richtigen Platz verstaut werden. Eine kleine Probe und letzte Absprachen stimmten die Kinder auf den Auftritt am Nachmittag nochmals ein. Im ausverkauften Zelt wurde dann den Schülern aus Westerhof das Programm des ZIRKUS WILLIBALD präsentiert.

Am Mittwochmorgen wurde der Wanderzirkus mit Akkordeonbegleitung und Liedern der Grundschüler herzlich verabschiedet. Bei herrlichem Sonnenschein zog der Konvoi weiter über Feldwege, durch Wälder und über ruhige Landstraßen.

Am frühen Nachmittag wurde die zweite Station, die Grundschule Brackel, erreicht. Ähnlich wie in Westerhof wurden die Kinder in den Klassenräumen untergebracht, von den Eltern verpflegt und das Zelt erneut vom Zirkus wieder aufgebaut.

Diesmal fand die Vorführung am nächsten Morgen vor den Grundschülern und Kindern aus nahe gelegenen Kindergärten statt. Im überfüllten Zelt waren die Akteure und Zuschauer von der Vorführung begeistert. Sogar eine kleine Pferdenummer von Schülern der Grundschule wurde spontan in das Programm aufgenommen und am Schluss tanzten alle gemeinsam noch lange Lambada in der Manege. Eine erholsame Kutschfahrt und ein Abschlussessen im nahe gelegenen Restaurant rundeten den Besuch in Brackel ab.

Am nächsten Morgen ging es mit den Fahrrädern zurück nach Wilhelmsburg, wo am Nachmittag alle Beteiligten müde, aber zufrieden von Eltern und Freunden empfangen wurden.

☞ *Mit einem Schiff über die Elbe*

*„Blaue Jungs, blaue Jungs*
*von der Waterkant, ahoi, ahoi, ahoi, ..."*

Vom 11. bis zum 15. Mai 98 fand der fast einwöchige WANDERZIRKUS mit der Barkasse „Togo" auf der Elbe von Hamburg bis Hitzacker statt.
Genau zum richtigen Zeitpunkt, einen Tag vor der Abfahrt, hatte sich das Hoch „Willi" mit herrlichstem Sommerwetter angekündigt und blieb uns bis zum letzten Tag treu.

*ZIRKUS WILLIBALD auf der Barkasse „Togo" auf der Fahrt elbaufwärts*

Vom Harburger Hafen ging es am Morgen des 11. Mai mit der Barkasse TOGO elbaufwärts Richtung Geesthacht. Parallel zum Schiff war der Auf- und Abbautrupp, bestehend aus zwei Lehrern und zwei älteren Schülern, mit Bus und Anhänger, auf dem Gepäck, Zirkusutensilien und das Einmastzelt des ZIRKUS WILLIBALD verstaut waren, unterwegs. Begleitet wurden wir die ersten beide Tage von einem Fernsehteam des NDR.

Für viele Kinder war es das erste Mal, mit einem Schiff auf Reisen zu gehen. Entsprechend gespannt verfolgten sie anfangs die kleineren und größeren Vorkommnisse und Abenteuer während der Fahrt. Am Nachmittag war das Ziel erreicht, alle waren nun doch froh, den ersten Teil der Zirkusfahrt gut überstanden zu haben.

Der Aufbautrupp hatte mit Hilfe von Geesthachter Schülern auch schon mit dem Zeltaufbau begonnen, sodass noch die letzten Arbeiten gemeinsam erledigt werden konnten. Die nette Aufnahme durch Lehrerinnen und Schüler, die für die Schüler spannende Unterbringung in Klassenräumen und die hervorragende Verpflegung während der gesamten Fahrt, verstärkten die positive Stimmung bei allen Beteiligten.

Es folgten am nächsten Morgen die ersten beiden Auftritte im eigenen Zelt vor den Geesthachter Grundschülern. Trotz großer Aufregung und kleinerer Pannen waren die Zuschauer begeistert. Am Nachmittag verstaute der Abbautrupp alles wieder ordentlich in Bus und Anhänger, während sich die Artisten bei Limonade und Eis entspannen konnten.

Herzlichst wurden wir am nächsten Morgen von der Schulleitung und den Schülern verabschiedet, der Kapitän erwartete uns schon am für die Weiterfahrt vorbereiteten Schiff und es ging weiter zur zweiten Station nach Bleckede.

Hier beeindruckte alle zuerst die vielfältige Natur- und Vogelwelt, besonders die vielen Störche. Im Elbtalhaus und bei einem Abendspaziergang konnten die interessierten Schüler viel darüber erfahren. Auch in Bleckede waren Übernachtung und Verpflegung hervorragend organisiert, sodass, gut ausgeschlafen und gestärkt, die Kinder mit viel Freude und nun deutlich gelassener und routinierter, das Programm vorführten.

Höhepunkt war diesmal vor allem die Pferdedressur, bei der meist die Lehrer der besuchten Schulen vor ihren Kindern ein paar ungewöhnliche Kunststücke vorführen mussten. Am selben Nachmittag noch wurde abgebaut und zur letzten Station, Hitzacker, weitergefahren.

In der Spätabendsonne wurde dann mit Unterstützung einiger Eltern das Zelt wieder aufgebaut, sodass gleich am nächsten Morgen die letzte und auch beste Vorführung vor einem netten und begeistert mitgehenden Publikum stattfinden konnte.

Eigentlich hätte es jetzt noch weitergehen können, so die einhellige Meinung von Lehrern und Schülern, denn das herrliche Wetter, das immer besser und einfacher werdende Zusammenspiel aller und vor allem die zunehmende Freude des Publikums an dem, was wir zeigten, beflügelte alle. Doch die Eltern der Kinder waren für Freitagnachmittag zum Abholen bestellt. So verließen wir mit einem Eis in der Hand und viel Wehmut auch die letzte Station unserer Zirkusfahrt.

Mit der Bahn fuhren die Kinder, mit Bus und Anhänger der Aufbautrupp zurück, unser Kapitän hatte Hitzacker mit der ToGo schon am frühen Morgen verlassen und sollte erst im Laufe des Samstages zurück sein. Auch er, ein Lehrer aus unserer Schule, wird diese für ihn interessante und ungewöhnliche, aber auch mit viel Verantwortung beladene Schulveranstaltung, noch lange in Erinnerung behalten.

# 7.2 Chronologische Übersicht

**✦✦✦ KLASSENPROJEKT von Sommer 1993 bis 1995 ✦✦✦**

✦ Angefangen hatte alles mit einer Projektwoche „Zirkus" der Grundschule der GSW mit abschließender Vorführung im Zirkuszelt im Mai 1993.

✦ Daraus entwickelte sich ab Sommer 1993 der ZIRKUS WILLIBALD, ein regelmäßiges Angebot im Freizeitbereich der GSW, als festes zweijähriges Klassenprojekt.

✦ Ein erster „externer Workshop" mit dem Jongleur Mark Steiger fand im November 1993 im Hamburger Hansa Theater statt.

✦ Ein kleiner, vorbereitender Auftritt folgte im nahe gelegenen Altersheim im Dezember des gleichen Jahres.

✦ Ende Februar 1994 stand die erste öffentliche Vorführung im örtlichen Kinder- und Jugendzentrum „Honigfabrik" auf dem Programm.

✦ Im Frühjahr übernahm, vermittelt durch das „Hamburger Abendblatt", der Zirkus Roncalli die Patenschaft für den ZIRKUS WILLIBALD.

✦ Im April fand in Zusammenarbeit mit anderen Kinderzirkussen aus Hamburg im Harburger Rieckhof eine erste große Veranstaltung außerhalb Wilhelmsburgs statt.

✦ Vorläufige Höhepunkte waren dann im September 1994 eine Zirkusveranstaltung in Wilhelmsburg in einem Zirkuszelt als Auftakt und der anschließende einwöchige Wanderzirkus in den Landkreis Harburg mit Zelt und Zirkuswagen.

✦ Es folgte noch ein kleiner Auftritt im Oktober auf dem Hamburger Rathausmarkt im Rahmen der Aktivitäten gegen Ausländerfeindlichkeit.

✦ Absoluter Höhepunkt war dann im Mai 1995 in Hamburg der gemeinsame Auftritt mit dem Zirkus Giovanni aus Hannover im Zirkus Roncalli.

✦ Die Idee, ein eigenes Zelt zu kaufen, musste wegen unterschiedlicher Probleme verworfen werden.

✦ Ende Mai gab es noch die 1. Wilhelmsburger Zirkustage, zu denen 25 Schülerinnen und Schüler aus Wittenberge/Brandenburg eine Woche lang mit unseren Kindern Zirkusworkshops und andere Aktivitäten sowie eine gemeinsame abschließende Zirkusveranstaltung im Zelt durchführten.

✦ Den Abschluss des Klassenprojekts ZIRKUS WILLIBALD bildete am Ende des Schuljahres 1994/95 ein dreitägiger Gegenbesuch in Wittenberge.

✦✦✦ OFFENES ABTEILUNGSPROJEKT von 1995 bis 1997 ✦✦✦

✦ Seit August 1995 wurde der Zirkus als Projekt der Abteilung der Jahrgänge 5-7 weitergeführt.
✦ Im Altersheim Reinstorfweg in Wilhelmsburg fand im Dezember 1995 der erste Auftritt des neuen ZIRKUS WILLIBALD statt.
✦ Im April 1996 wurde wieder eine große Zirkusveranstaltung mit anderen Hamburger Kinderzirkussen im HARBURGER RIECKHOF durchgeführt.
✦ Ende Mai 1996 wurde der Zirkus mit dem FÖRDERPREIS PPRAKTISCHES LERNEN HAMBURG („Der goldene Floh") ausgezeichnet.
✦ Im Juni fand erneut ein großes Zirkusfest im Rahmen der dreitägigen WILHELMSBURGER ZELTTAGE statt, zusammen mit Theater- und Musikveranstaltungen.
✦ Das neue Schuljahr (96/97) begann mit zwei kleineren Auftritten zum 100-jährigen Bestehen der Wilhelmsburger Emmaus-Gemeinde und der Einweihung der Kindertagesstätte Schönenfelder Str. in Kirchdorf.
✦ Ein Besuch aller Zirkuskinder beim Zirkus Busch schloss sich an.
✦ Im Oktober wurde ein eigenes ZIRKUSZELT gekauft.
✦ Im Dezember war der erste PROBENTAG in der Honigfabrik, bei dem das neue Programm den letzten Schliff erhielt.
✦ Dieses Programm wurde im Dezember in der Aula der GSW vor dem Kindertagesheim Rotenhäuser Str. und im Altersheim Reinstorfweg aufgeführt.
✦ Im April 1997 fand als Vorbereitung für das GROßE ZELTFEST ein weiterer PROBENTAG in der Hofa statt.
✦ Daran schloss sich eine WANDERFAHRT mit BARKASSE nach GEESTHACHT an. Dort traten wir zusammen mit dem ZIRKUS SALVINI im kleinen Theater auf.
✦ Den Abschluss des Schuljahres bildete der gemeinsame Auftritt mit SENIOREN im Juni 1997 bei den HARBURGER ALTENTAGEN.

✦✦✦ OFFENES KLASSENPROJEKT vom Sommer 1997 bis Sommer 1998 ✦✦✦

✦ Der ZIRKUS WILLIBALD wurde in diesem Schuljahr fünf Jahre alt.
✦ Seit August 1997 wurde er als OFFENES KLASSENPROJEKT mit der Klasse 5c weitergeführt.
✦ Der erste Auftritt war im Dezember im Altersheim Reinstorfweg mit neuem Programm.

✦ Im April 1997 fand erneut der Auftritt im Rieckhof mit anderen Kinderzirkussen statt.

✦ Ende April erhielt der ZIRKUS WILLIBALD von Frau und Herrn Möbius auf ihrem Theaterschiff den SCHIFFSPREIS in Höhe von 10.000 DM.

✦ Höhepunkte des Zirkusschuljahres 97/98 waren die einwöchige ZIRKUSWANDERFAHRT mit der BARKASSE auf der ELBE bis Hitzacker im Mai und im Juni 1998 das zweitägige ZELTFEST im FREIBAD in Wilhelmsburg.

✦ Den Abschluss des Klassenprojektes bildete ein kleiner Auftritt im Schwimmbad MidSommerland Harburg.

*Auftritt im Schwimmbad MidSommerland , Harburg*

### ✦✦✦ OFFENES ABTEILUNGSPROJEKT von 1998 bis 1999 ✦✦✦

✦ Nach den Sommerferien wurde der Zirkus als offene Gruppe für die Jahrgänge 5-7 weitergeführt. Einige der alten Zirkuskinder machten weiter, viele neue kamen hinzu.

✦ Der erste Auftritt fand bei der Einweihung des neu gestalteten WILHELMSBURGER STÜBENPLATZES im November 1998 statt.

✦ Im März 1999 wurde der zweite Auftritt der neuen Gruppe in der SPORTHALLE der Gesamtschule vor Grundschulkindern durchgeführt.

✦ Zum zweiten Mal erhielt der ZIRKUS WILLIBALD den „GOLDENEN FLOH", eine Auszeichnung für praktisches Lernen.

✦ Ende April gab es ein kurzes Gastspiel beim TÜRKISCHEN KINDERFEST in Wilhelmsburg.

✦ Im Mai fand im Rahmen des 1. WILHELMSBURGER FREIZEITFESTES ein Auftritt in angemieteten Zirkuszelt an der GSW statt.

✦ Im Juni wurde vor einer BEHINDERTENGRUPPE in Buchholz in der Nordheide das Zelt aufgeschlagen und ein einstündiges Programm präsentiert.

✦ Den Abschluss der Saison bildeten Ende Juni kleinere Auftritte und Mitmachaktionen im Rahmen des „TAGES DER OFFENEN TÜR" beim NDR in Hamburg.

# 8. Schlusswort und Ausblick

*„..Magst es Kinderrache nennen
an des Daseins tiefem Ernst;
wirst das Leben besser kennen,
wenn du uns verstehen lernst."*

Christian Morgenstern

Seit vielen Jahren gibt es nun schon den ZIRKUS WILLIBALD an der Gesamtschule Wilhelmsburg. Ich selbst habe am Anfang nicht daran gedacht, dass der Zirkus ein so langlebiges und erfolgreiches Projekt werden könnte.

Es gab viele Höhepunkte, der Auftritt im Zircus Roncalli oder die Verleihung des Schiffspreises zählten dazu. Doch es gab auch viele anstrengende, auch erregte und ärgerliche Momente, in denen ich darüber nachdachte, warum ich die ganze Arbeit und Verantwortung auf mich nehme.

„Der Zirkus ist tot, es lebe der Zirkus" ging mir dann häufig durch den Kopf und mit der Einstellung, dass ein Zirkus trotz vieler Steine auf dem Weg weiterzieht, dass gerade in schwierigen Situationen Mut und Initiative aufgebracht werden muss, um neue Dinge auszuprobieren, auch neue Wege zu gehen, ging es immer weiter.

Das alles ging natürlich nicht ohne die ganzen Helfer und Förderer, die uns bei der Verwirklichung der Ideen unterstützt haben. Angefangen bei den Sekretärinnen und den Haus- und Handwerksmeistern der Schule, über die vielen Kolleginnen und Kollegen, die Schulleitung, die vielen Eltern und Schüler, die Ortsamtsleiterin, Mitarbeiter des Bezirks- und Ortsamtes, die Mitarbeiter von „bäderland", insbesondere die Bademeister, die vielen Zirkusgruppen, Schulen und Kirchengemeinden, die Polizei in Wilhelmsburg, die Journalisten, bis hin zu den vielen Sponsoren.

Ich möchte ihnen allen danken für die großen, aber auch vielen kleinen Hilfen in der Alltagsarbeit und bei den großen Veranstaltungen. Zwei Personen möchte ich hier exemplarisch für alle Helfer und Unterstützer erwähnen. Zum einen den Sozialpädagogen der Gesamtschule, Heinz Wernicke, der von Anfang an dabei war. Er hat nicht nur durch seine pädagogische Mitarbeit, sondern vor allem durch seine organisatorischen, handwerklichen und fotografischen Fähigkeiten die Zirkusarbeit im Wesentlichen mitgetragen.

Als zweite Person möchte ich stellvertretend für alle Förderer des ZIRKUS WILLIBALD, Renate Schneider vom Verein „Kinder helfen Kinder" erwähnen und ihr für ihre langjährige und regelmäßige Unterstützung ganz herzlich danken. Wie alle Helfer und Förderer haben besonders diese beiden dazu beigetragen, den Zirkus zu dem machen, was er heute ist: eine feste und wichtige Größe für die Kinder in der Schule und im Stadtteil.

Ich hoffe, wir werden auch in den nächsten Jahren noch vielen Kindern die Möglichkeit zum Zirkusmachen und -zuschauen geben können. Durch die finanzielle Unabhängigkeit über den „Schiffspreis" ist ein wichtiger Schritt in diese Richtung getan. Aber auch die Schulleitung und andere Personen der Schule müssen die organisatorischen, personellen und materiellen Voraussetzungen für eine sinnvolle Weiterführung im Auge haben.

In den nächsten Jahren sind erneut einige besondere Veranstaltungen ins Auge gefasst. So soll im Rahmen eines neuen Klassenprojekts in den Jahren 1999/2000 eine erste Nordseeinsel- bzw. eine Auslandstournee stattfinden.

Mit den neuen Zaubergroßillusionen wird das Programm attraktiver, der Transport aber auch schwieriger. Auch dazu muss man sich in den nächsten Jahren etwas einfallen lassen. Zudem ist eine intensivere Zusammenarbeit mit anderen Schulen oder Vereinen aus dem Stadtteil geplant.

Zu guter Letzt soll irgendwann einmal ein großes Zirkusfestival in Wilhelmsburg in Verbindung mit anderen Trägern und Mitorganisatoren stattfinden. In Workshops für Kinder, Jugendliche und Erwachsene soll geübt, gespielt und gelernt, bei anschließenden Vorführungen und Shows im Zirkuszelt soll dann präsentiert, gestaunt und gefeiert werden.

Ich habe versucht, meine persönlichen Erfahrungen und Erkenntnisse aus der Arbeit mit dem ZIRKUS WILLIBALD zusammenzufassen, um sie im Sinne eines praktischen Leitfadens und Ideengebers anderen zugänglich zu machen.

Ich hoffe, ich habe allen, die auch solche oder ähnliche Projekte planen, ein paar hilfreiche Tipps und Hinweise geben können, ob zu inhaltlichen oder auch organisatorischen Fragen. Ich hoffe, ich habe vor allem Mut gemacht und ein wenig von dem Spaß und der Energie vermitteln und vielleicht sogar weitergeben können, die mir diese Arbeit gegeben hat.

Ich wünsche mir, dass mit Hilfe dieses Leitfadens bestehende Projekte viele neue Anregungen erhalten und vielleicht einige neue kleine und große Zirkusprojekte entstehen.

*„Land in Sicht, weht der Wind in mein Herz,*
*die lange Reise ist vorbei.*
*Morgenlicht weckt meine Seele auf,*
*ich lebe wieder und bin frei.*
*Und die Tränen von gestern*
*wird die Sonne trocknen*
*die Spur'n der Verzweiflung*
*wird der Wind verweh'n,*
*die durstigen Lippen wird der Regen trösten*
*und die längst verlor'n Geglaubten*
*werden von den Toten aufersteh'n."*

Ton Steine Scherben

# 9. Literatur und mehr

☞ **Literaturhinweise**

ADRION, Alexander:
Die Kunst zu zaubern. DuMont Buchverlag, Köln 1981.

BALLREICH, Rudi/VON GRABOWIECKI, Udo:
Zirkus-Spielen, Ein Handbuch ... AOL -Verlag, Lichtenau 1992.

BARDELL, Bettina:
Circus – Bewegungskünste mit Kindern. Edition Aragon, Moers 1992.

BLUME, Michael:
Akrobatik mit Kindern und Jugendlichen.
Meyer und Meyer Verlag, Aachen 1995.

BORKENS, Klaus/RENNEBERG, Thomas:
Gaukelcircus. Ökotopia Verlag, Münster 1993.

CARLO:
The Juggling Book. Random House, New York 1974.

DEGENER, Volker W./SCHMITT, W. Christian:
Zirkus – Geschichte und Geschichten.
Lentz in der F.A. Herbig Verlagsbuchhandlung, München 1991.

DINKLAGE, Björn/BARDELL, Bettina:
Die Kunst des Einradfahrens. Edition Aragon, Moers 1996.

ERLACHER, Kerstin:
Jonglierbuch für Kinder.
Ravensburger Taschenbuch Verlag, Ravensburg 1996.

FINNIGAN, Dave:
Alles über die Kunst des Jonglierens. DuMont Verlag, Köln 1988.

FODERO, Josef M.:
Menschenpyramiden. 1. Auflage, AOL-Verlag, Lichtenau 1996.

FRENGER, Hardi/PEPER, Dieter:
Springen mit dem Minitrampolin.
Hrsg.: Bundesverband der Unfallversicherungsträger
Heft 2, Sicherheit im Schulsport. München 1994.

GAAL, Josef:
Bewegungskünste – Zirkuskünste.
Reihe Motorik, Band 16
Verlag Karl Hofmann, Schorndorf 1994.

HASENBECK, Maja:
Wir sind die Clowns. Mit Kindern die Welt des Narren erleben.
Christophorus Verlag, Freiburg i.Br. 1988.

HERTEL, Johannes:
Trapezakrobatik für Kinder. Edition Aragon, Moers 1993.

HOYER, Klaus (Hrsg.):
AOL-Zirkus. AOL-Verlag, Lichtenau 1990.

HUISMAN, Bennie/HUISMAN, Gerard:
Akrobatik. Vom Anfänger zum Könner.
Rowohlt Taschenbuch Verlag, Reinbek b. Hamburg 1988.

KALBFLEISCH, Susan E.:
Double Dutch Handbook. Ancaster/Kanada 1987.

KALBFLEISCH, Susan E.:
Skipping – Das ideale Fitness-Training.
Sport, Spaß und Gesundheit Verlag KG, Waldeck 1988.

KUHN, Michael:
Nur Fliegen ist schöner.
In: „Ü" - Magazin für Übungsleiterinnen und Übungsleiter 4/1995.
Meyer & Meyer Verlag, Aachen

MATHYS, F.K.:
Circus – Faszination gestern und heute. AT Verlag, Aarau/Schweiz 1986.

MELCZER-LUKÁCS, Géza/ZWIEFKA, Hans-Jürgen:
Akrobatisches Theater. Edition Aragon, Moers 1989.

MÜLLER, Elmar:
Manegenzauber. Don Bosco Verlag, München 1998.

PAWELKE, Rainer (Hrsg.):
Neue Sportkultur. Edition Traumfabrik, AOL Verlag, Lichtenau 1995.

WIETHOFF, Monika und Hellmer:
Rope Skipping – Vom Seilspringen zum Rope Skipping.
Hrsg.: Deutscher Turner-Bund, Frankfurt am Main 1994.

ZMECK, Jochen:
Handbuch der Magie. 2. Auflage, Universitas Verlag, München 1980.

## ☞ Zeitschriften

KASKADE – Europäische Jonglierzeitschrift
Gabi und Paul Keast
Schönberger Str. 92
65199 Wiesbaden
Tel.: 0611/94 65 142

## ☞ Musiktipps

*Ausgewählte Zirkusmusikkassetten bzw. CDs:*

Circus Roncalli:   „Die Reise zum Regenbogen"
                   „15 Jahre Jubilee Tour"

Cirque du soleil:  „Saltimbanco"
                   „Alegria"

Circus Mignon:     „Circus Mignon"

*Ausgewählte Filmmusiken:*

Charly Chaplin:   Limelight, Modern Times, The Great Dictator

Fellini:            Il circo, La strada, Nino Rota

*Musikrichtungen, die sich für den Kinderzirkus eignen:*

✦  Diverse Paso dobles (spanische Tanzmusik)
✦  Diverse indische und orientalische Instrumentalmusik
✦  Diverse Jazzmusik (Doldinger, Jazz-nix, ...)
✦  Diverse Karnevals- und Kindermusik
✦  Squaredance und Polka
✦  Rock 'n' Roll
✦  Diverse Meditationsmusik
✦  Diverse klassische Musik (Concierto de Aranjuez, Ravel)
✦  Diverse Klezmermusik (Nunu)
✦  Neuste Pop- und Rockmusik

## Lehrfilme

SCHNEIDER, Toni/STILLGER, Klaus:
Akrobatik 1-3. Sportzentrum Universität Augsburg, 1997.

STILLGER, Klaus:
Jonglieren 1-7. Sportzentrum Universität Augsburg.

## Fachhandel

Die Jonglerie:
Hasenheide 54
10967 Berlin
Tel.: 030/ 691 87 69  Fax: 030/ 691 63 52

Erhard Sportgeräte
Postfach 1163
91541 Rothenburg
Tel.: 09861/ 40 60

Pappnase & Co
Von-Essen-Str. 76
22081 Hamburg
Tel.: 040/ 291297, Fax: 29 12 90

Sport Thieme
Helmstedter Str. 40
38368 Grasleben
Tel.: 05357/ 18181

Zauber-Bartl
Billhorner Brückenstr. 40
20 539 Hamburg
Tel.: 040/ 789 82 81 , Fax: 789 86 55

☞ **Workshops/Fortbildungen für Betreuer**

Kölner Spielecircus
Wissmannstr. 38, 50823 Köln
Tel.:/Fax: 0221/ 51 03 136

SpielTiger & Pappnase
c/o SpielTiger e.V. Schützenstr. 21
22761 Hamburg
Tel.: 040/ 853 71 48-2 , Fax: 040/ 851 20 08
oder Pappnase & Co (siehe Fachhandel)

Traumfabrik
Postfach 12 05 47
93027 Regensburg
Tel.: 0941/ 40 10 25  Fax: 0941/ 40 10 26

☞ **Zirkusfreunde**

Gesellschaft der Circusfreunde e.V.
– Sektion Hamburg –
Nienkamp 25
22453 Hamburg

**Kinderzirkus in und um Hamburg:**

✦ Circus Mignon in Hamburg-Nienstedten
✦ Schulcircus PampelMuse am Margaretha-Rothe-Gymnasium
✦ Die Rot(z)nasen in der „Fabrik" in Altona
✦ Circus Salvini in Geesthacht

*„Ich habe fertig"*

Giovanni Trapatoni

# 10 000 Mark für die Zirkus-Kinder

**Eberhard Möbius'**
**Schiffspreis**
**verliehen**

Von RENATE SCHNEIDER

„Mit Zirkus habe ich schon immer was am Hut gehabt; bin selbst mal als Stalljunge mit dem Zirkus gereist. So n richtiger ‚Palazzenkram'", sagt Mobi bei einer Preisverleihung ganz besonderer Art. Christa und Eberhard Möbius vergaben ihren Schiffspreis '97 auf den liebevoll renovierten Planken des „Thespis-Kahns", Theaterschiff Nr. 3 des Ehepaars Möbius, der nun ebenfalls am Anleger Holzbrücke liegt. Schiffspreis '97, weil der Thespis-Kahn, die stolze Neuerwerbung, doch etwas länger brauchte, um sich vom Elb-Ewer von 1903 in das heutige Schmuckstück zu verwandeln.

Empfänger sind die Kinder vom „Zirkus Willibald" der Gesamtschule Wilhelmsburg und ihr Lehrer und „Zirkusdirektor" Wilhelm Kelber.

„Zirkus Willibald" – das ist ein Preisträger ganz nach dem Herzen von Christa und Eberhard Möbius: eine Initiative des engagierten ideenreichen Lehrers Kelber, um Kindern und Jugendlichen in einem Ballungsgebiet wie Wilhelmsburg zu helfen. So ein Kinderzirkus bietet doch

Das ist er, Möbi [...] kus Willibald", [...] chael Meyer-Bö[...]

mit seinen vi[...] und hinter de[...] gen an ‚Artiste[...] lich viele Mögl[...] und Jugendl[...] schiedlichsten[...] vieren und – v[...] holen. Denn n[...] nen Künstler f[...] kus – die jung[...] leuchtet, Sch[...] stens ebenso v[...] meln dabei Erf[...] ben). Doch nic[...] zene.

Eberhard M[...]

# Manege frei: „Willibald" geht auf Tournee

## Kinderzirkus feiert fünften Geburtstag

**Wilhelmsburg (cok).** Der Schülerzirkus „Willibald" feiert in diesem Jahr seinen fünften Geburtstag. Das ist Grund genug für die kleinen Artisten der Gesamtschule Wilhelmsburg, auf Tournee zu gehen. Vorher wollen sie aber noch eine öf-

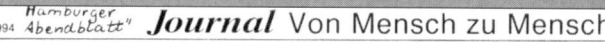

z 1994 Hamburger Abendblatt" ***Journal*** Von Mensch zu Mensch

Schüler aus Wilhelmsburg sind unter die Artisten gegangen. Roncalli-Chef Bernd Paul übernimmt die Patenschaft für sie und verspricht: „Bei unserem nächsten Gastspiel in Hamburg werden wir gemeinsam mit unseren jungen Kollegen eine Benefiz-Vorstellung geben."

imliche Gespenster usdirektor Wilhelm tz in der Manege n. **Foto: cok**

# Manege frei für „Zirkus Willibald"

# Feuerwerk der Phantasie

### Der Wilhelmsburger Zirkus „Willibald" feiert seinen fünften Geburtstag

*Die kleinen Artisten stellen ihr neues Programm am 22. April im Harburger „Rieckhof" vor.*

Von Cornelia Küsel

**Wilhelmsburg.** Zirkus „Willibald" geht auf Tournee. Das Schülerensemble der Gesamtschule Wilhelmsburg, das in diesem Jahr seinen fünften Geburtstag feiert, fährt vom 11. bis 16. Mai mit der Barkasse

Ein buntes Abschlußbild steht am Ende der „Willibald"-Aufführung.

„Dabei soll jeder machen, wozu er Lust hat", betont Kelber-Bretz. Mädchen entschieden sich am liebsten für die Akrobatik oder das Jonglieren, Jungen liebten die Mischung aus Clownerien und Persiflage. Manchmal schlagen sie dabei aber auch über die Stränge: Dann muß ihr Direktor schon ...

zarte Mädchen werden zu starken Gewichthebern.

„Jetzt bei den Proben sind die Schüler noch ziemlich aufgeregt", sagt Kelber-Bretz. Doch bei den Aufführungen würden sie sich als Profis entpuppen. Das hätten sie sich unter anderem bei Besuchen in bekannten Zirkussen abgeguckt. Aber auch zahlreiche Auftritte in der Vergangenheit hätten das Selbstbewußtsein der jungen Artistengruppe, die sich im Laufe der Zeit aus immer wieder neuen Ensemblemitgliedern zusammensetzt, gestärkt.

Anläßlich des fünfjährigen ... von „Willibald" ... Malwettbewerb für ... n unter dem Mot- ... nalen Bilder vom ... eschrieben. Ein- ... ist der 15. Mai. Die ... an die Gesamt- ... elmsburg, Brigitte ... tieg 1, in 21107 ... chickt werden.

Ein kleiner Clown stellt seine „mächtige Kraft" beim Gewichtheben unter Beweis.      Fotos: cok

Mit jeder Menge Akrobatik versuchen die Wilhelmsburger Schüler, ihr Publikum zu begeistern.      Foto: was

---

### Die Roncallis von morgen

Vom Gastspiel seiner Kids beim großen Zirkus R... Kelber-Bretz heute noch schwärmen: „ein Auftrit... stars, vor 2000 Zuschauern!"

Fünf Jahre ist es jetzt her, daß der 42jährige Spor... Willibald" ins Leben gerufen hat. Seitdem lernen ... der Gesamtschule Wilhelmsburg nicht nur kniffli... vom ehemaligen Clown, Jongleur und Akrobaten ... „Spaß, Bewegung und soziale Integration".

Wichtig sei das in einem Stadtteil wie Wilhelmsb... ge, schließlich leiden viele Kinder unter „schwier... vom Elternhaus her. Und die treten dann vor 300 ... beweisen, daß sie Erfolg haben können!"

Zur Feier ihres Jubiläums schipperten die 20 Nac... vergangenen Monat auf einer Barkasse die Elbe r... den Dörfern. Zum krönenden Abschluß zeigen si... beim Zeltfest in Hamburgs Süden.

---

# Wenn Jugendliche zu Artisten werden

### Schülerzirkus in Wilhelmsburg erfolgreich

**Wilhelmsburg (HAN).** Einen Traum hat sich Wilhelm Kelber-Bretz, Mathematiklehrer an der Gesamtschule Wilhelmsburg, erfüllt. Seit sechs Jahren führt er den Schulzirkus „Willibald", in dem nicht unbedingt spek-

takuläre Höchstleistungen, sondern die Zusammenarbeit der Schüler im Vordergrund steht. Bereits zweimal wurde der Wilhelmsburger Schülerzirkus für seine Leistungen in der Manege ausgezeichnet.

**W** **o Sport Spaß macht**

# Zur DTB-Schriftenreihe „Wo Sport Spaß macht"

Seit Anfang 1996 gibt der Deutsche Turner-Bund im Meyer & Meyer Sportverlag die Schriftenreihe „Wo Sport Spaß macht" heraus. Das Motto ist gleichzeitig Programm, denn allen Büchern dieser Reihe ist gemeinsam, dass sie aktuelle Trends und bewährte Angebote unter neuesten wissenschaftlichen Erkenntnissen flott „'rüberbringen" sollen.

Mindestens sechs neue Titel erscheinen jährlich in der Schriftenreihe. Kompetent und praxisnah werden die aktuellen Trends und Entwicklungen im Sport für die Vereinspraxis aufbereitet. Die Themenpalette reicht dabei vom bewährten Kinderturnen über alle Formen von Gymnastik und Aerobic sowie Fitness- und Gesundheitssport für jede Altersstufe bis hin zum Sport mit Älteren „50 Plus".

Mit der Schriftenreihe „Wo Sport Spaß macht" bietet der DTB als Verband für Turnen und Gymnastik einen weiteren Baustein seiner Dienstleistung für die Übungsleiterinnen und Übungsleiter in den Vereinen. Die Schriftenreihe stellt eine sinnvolle Ergänzung des bundesweit flächendeckenden Aus- und Fortbildungssystems im DTB und seinen Landesturnverbänden dar.

Weitere Informationen zum aktuellen Programm der Aus- und Fortbildung sind zu erfragen beim zuständigen Landesturnverband sowie zentral in der DTB-Geschäftsstelle, Otto-Fleck-Schneise 8 in Frankfurt/Main (Tel.: 069 / 67801-0).

Der DTB bietet darüber hinaus weitere Materialien zum Turnen, zur Gymnastik und Aerobic an: Musik-Kassetten und -CDs, Handbücher, Kleingeräte, Sportbekleidung etc. Fordern Sie unverbindlich den aktuellen Katalog an bei der DTB-Fördergesellschaft, Otto-Fleck-Schneise 10a, 60528 Frankfurt/Main (Tel.: 069 / 67801138).

# MEYER & MEYER • DER SPORTVERLAG

Von-Coels-Str. 390 · D-52080 Aachen · Tel. 0241/9 58 10-0 · Fax 0241/9 58 10-10
e-mail: verlag@meyer-meyer-sports.com • http://www.meyer-meyer-sports.com

Beck/Maiberger
**Methodik zur Gymnastik
mit Handgeräten**

300 S., 300 Fotos,
Broschur, 14,8 x 21 cm
**ISBN 3-89124-526-2**
**DM 29,80/**
**Sfr 27,70/ÖS 218,-**

Meusel/Wiegand
**Gymnastik-Puzzle mit
alten und neuen
Handgeräten**

200 S., 90 Fotos, Zeichn.,
Broschur, 14,8 x 21 cm
**ISBN 3-89124-502-5**
**DM 29,80/**
**Sfr 27,70/ÖS 218,-**

Ulla Häfelinger
**Gymnastik für den
Beckenboden**

120 S., 80 Fotos, Broschur,
14,8 x 21 cm
**ISBN 3-89124-538-6**
**DM 29,80/**
**Sfr 27,70/ÖS 218,-**

Violetta Schuba
**Aktiv kontra Cellulite**

152 S., 70 Fotos, Grafiken
Broschur, 14,8 x 21 cm
**ISBN 3-89124-539-4**
**DM 29,80/**
**Sfr 27,70/ÖS 218,-**

Paul/Schuba
**Aktiv kontra Osteoporose**

136 S., 100 Fotos,
5 Tab., 25 Graf.
Broschur, 14,8 x 21 cm
**ISBN 3-89124-459-2**
**DM 24,80/**
**Sfr 23,-/ÖS 181,-**

Marianne Eisenburger
**Aktivieren und Bewegen
von älteren Menschen**

144 S., 34 Fotos, Broschur,
14,8 x 21 cm
**ISBN 3-89124-518-1**
**DM 24,80/**
**Sfr 23,-/ÖS 181,-**

Bärbel Schöttler
**Bewegungsspiele 50plus**

160 S., Fotos,
Broschur, 14,8 x 21 cm
**ISBN 3-89124-504-1**
**DM 29,80/**
**Sfr 27,70/ÖS 218,-**

e-mail: verlag@meyer-meyer-sports.com • http://www.meyer-meyer-sports.com
unsere Bestellhotline: 01805 / 10 11 15

# MEYER & MEYER • DER SPORTVERLAG

Von-Coels-Str. 390 · D-52080 Aachen · Tel. 02 41 / 95 81 00 · Fax 02 41 / 9 58 10 10